MERIAN *live!*

Dresden

W0179920

Bernd Wurlitzer, geboren in Zwickau, und **Kerstin Sucher**, aufgewachsen in Meißen, sind zwei waschechte Sachsen. Dresden kennen die heute in Berlin lebenden Reisejournalisten seit ihrer Kindheit.

 Familientipps

 Diese Unterkünfte haben behindertengerechte Zimmer

 In diesen Unterkünften sind Hunde erlaubt

Preise für ein Doppelzimmer mit Frühstück:

€€€€ ab 150 €   €€ bis 120 €
€€€ bis 150 €   € bis 100 €

Preise für ein Hauptgericht ohne Getränke:

€€€€ ab 25 €   €€ bis 18 €
€€€ bis 25 €   € bis 12 €

Inhalt

◄ Luftiger Barock: Blick in die frisch restaurierte Kuppel der Frauenkirche (► S. 53).

Unterwegs in Dresden · 46

Spaziergänge und Ausflüge · 78

Wissenswertes über Dresden · 96

✳ Karten und Pläne

Willkommen in Dresden Die Elbstadt trumpft auf mit Museen voller Schätze und Prachtbauten, dazu einer Musik- und Theaterszene von seltener Vielfalt.

In Dresden fühlt man sich wohl! Denn Sachsens Landeshauptstadt hat all das zu bieten, was man dafür braucht: Kunst, Architektur, Kultur und viel Natur. Dazu kommen schicke Restaurants und trendige Kneipen, Flaniermeilen mit eleganten Geschäften und Parks, in denen schon die Wettiner mit ihren Gästen promenierten.

Kultur und Natur

Und dann ist da noch die Elbe, nicht von Häusern verdeckt, sondern von breiten Wiesen gesäumt. Sie kommt von einer fantastischen Felsenwelt, dem Elbsandsteingebirge, die als Sächsische Schweiz berühmt wurde,

und fließt weiter nach Meißen, wo das weltbekannte Porzellan, eine Dresdner Erfindung, entsteht. Die Dresdner rühmen sich, eine der schönsten Umgebungen aller deutschen Großstädte zu haben. Wer will ihnen da widersprechen? Wo klettern schon an der Stadtgrenze Weinstöcke die Hügel empor? Das Elbtal ist so schön, dass es die UNESCO in seine Welterbeliste aufnahm. 2009 bekam die herausragende Kulturlandschaft jedoch das Gütesiegel entzogen. Schuld ist die Waldschlösschenbrücke, ein gigantischer Bauklotz, der über die idyllischen Elbwiesen gewuchtet wird und eins der berühmtesten Stadtpanora-

◄ Blick über den Körnerplatz zur Bergschwebebahn (► S. 50).

men Deutschlands verstellt. Die meisten Dresdner scherte der Welterbetitel wenig, in einem Bürgerentscheid hatten sie sich für den Bau der Brücke entschieden. »So viel Gemähre weeschen eener Brigge« konnten sie nicht verstehen. Sie möchten in keinem Museum zu Hause sein, sondern in einer lebendigen Stadt, rasch von einer Elbseite zur anderen kommen, zur Arbeit, zur Wohnung, in die Stammkneipe. Irgendwie spricht viel Selbstbewusstsein aus ihrer Haltung. Die Dresdner wissen um die Schätze, die sie haben und dass man weiterhin aus aller Welt deretwegen zu ihnen an die Elbe kommt. Ob mit Welterbestatus oder ohne.

Pracht in Hülle und Fülle

Die Gäste eilen zu den Smaragden, Diamanten und Rubinen, wollen sie glitzern und funkeln sehen, denn in dieser Pracht ist das nur in Dresdens Grünem Gewölbe möglich, in der reichsten Schatzkammer Europas. Und sie möchten das Bild bestaunen, das sich die Mönche des Klosters San Sisto zu Piacenza von den Aufkäufern August des Starken abschwatzen ließen: die Sixtinische Madonna in der Gemäldegalerie Alte Meister, der Star Dresdens. »Was heißt hier der Star?«, sagen die Einheimischen, »davon haben wir mehr als genug«. Sie spielen nicht nur auf die Schätze im Grünen Gewölbe an und die berühmten Gemälde, sie meinen auch die Kathedrale, den Zwinger, die Frauenkirche. All die Prachtbauten aus Sandstein, die nach dem Bombenhagel im Februar 1945 wieder entstanden sind.

Stadt voller Kontraste

Mit den pflastermüde gewordenen Beinen sinkt man abends in einen der Sessel der berühmten Semperoper – sofern man eine Karte ergattern konnte. Wem der Sinn nicht nach Kultur steht – die es in Dresden in großer Vielfalt gibt –, der spaziert in die Äußere Neustadt, das Szeneviertel, in dem Einheimische, Studenten und Touristen sich einmütig an Tischen oder Bartresen zusammenfinden. Hier lernt man sächsische Gemütlichkeit kennen. Andere haben sich ein vornehmes Restaurant ausgewählt und lassen sich kulinarisch verwöhnen. Museumsmüde? Kein Problem. Wie wär's mit einem Spaziergang durch das größte historische Villenviertel Deutschlands, das sich von Striesen über Blasewitz bis zum Weißen Hirsch erstreckt? Architekturgeschichte des 19. Jh., eingebettet in Parks und Gärten. Oder mit einer Schaufelraddampfer-Fahrt auf der Elbe – einem der Oldtimer, wie man sie ansonsten nur aus historischen Filmen kennt – hinein in die Sächsische Schweiz, bis Pillnitz oder gar bis Bad Schandau.

Gibt es eigentlich etwas, das Dresden nicht hat? Oh ja, das gibt es. Fragt man einen Dresdner nach dem Zentrum seiner Stadt, wird er zwar nicht verlegen, aber er muss die Antwort schuldig bleiben. Ein richtiges Zentrum besitzt die Stadt nicht. Links der Elbe die Altstadt mit Altmarkt und Neumarkt, rechts die Neustadt mit Neustädter Markt und Albertplatz, an beiden kleben viele Ortsteile, die einst Dörfer waren. Aber auch ohne Zentrum und Welterbestatus – Dresden gehört zu den schönsten Städten Europas. Es ist eine Stadt zum Wohlfühlen, eine Stadt zum Erleben.

MERIAN-TopTen

MERIAN zeigt Ihnen die Höhepunkte der Stadt: Das sollten Sie sich bei Ihrem Besuch in Dresden nicht entgehen lassen.

 Brühlsche Terrasse
Der »Balkon Europas« bietet einen zauberhaften Blick über die Elbe auf die Neustadt (▸ S. 51, 80).

 Frauenkirche
Die Kuppel des aus Trümmern wiedererstandenen Sakralbaus prägt erneut die Altstadtsilhouette (▸ S. 53).

 Kathedrale St. Trinitatis
Sachsens größte Kirche beherbergt zahlreiche Kunstwerke und die Grablege der Wettiner mit 49 Sarkophagen (▸ S. 57).

 Raddampfer auf der Elbe
Die älteste Raddampferflotte der Welt startet vom Terrassenufer in die Sächsische Schweiz und nach Meißen (▸ S. 60).

 Schloss und Park Pillnitz
Die Sommerresidenz des Dresdner Hofes am Elbufer (▸ S. 63, 87).

 Semperoper
Das Opernhaus mit seiner exzellenten Akustik gehört zu den renommiertesten Musiktheatern Europas (▸ S. 63).

7 Zwinger
Einst Festungsbau, heute eines der schönsten Barockensembles Europas
(▸ S. 66).

8 Gemäldegalerie Alte Meister
Den Glanzpunkt der Sammlungen bildet Raffaels »Sixtinische Madonna«
(▸ S. 72).

9 Grünes Gewölbe
Europas reichste Schatzkammer. Hier glitzert und funkelt, was die Wettiner in Jahrhunderten zusammengetragen haben
(▸ S. 73).

10 Schloss Moritzburg
Das Kurfürstliche Barockschloss aus dem 16. Jh. erhebt sich inmitten einer zauberhaften Landschaft
(▸ S. 89).

MERIAN-Tipps Mit MERIAN mehr erleben.

Tauchen Sie ein in das Leben der Stadt und entdecken Sie die Seiten Dresdens, die nur Einheimische kennen.

 Swissôtel Dresden
5-Sterne-Hotel mit modernem Design und besonders engagierten Mitarbeitern (▸ S. 15).

 Essen wie Kurfürst August
Im Sophienkeller tafelt der Gast deftig wie zur Zeit Augusts des Starken (▸ S. 19).

 Pfunds Molkerei
120 Käsesorten sind im Angebot, doch die meisten kommen, um im schönsten Milchladen der Welt die Ladenausstattung von 1892 zu bewundern (▸ S. 29).

 Auf Rollen durch die Stadt
Bis zu 3000 Skater jagen in der warmen Jahreszeit jeden Freitagabend durch die Straßen Dresdens (▸ S. 35).

 Kneipenrundgang
Eine Kennenlerntour durch die Kneipenszene der Neustadt – an den folgenden Abenden dann ohne Guide (▸ S. 36).

 Felsenbühne Rathen
2000 Zuschauerplätze inmitten eines Felskessels in der Sächsischen Schweiz. Im Sommer agieren hier die Helden von Karl May (▸ S. 38).

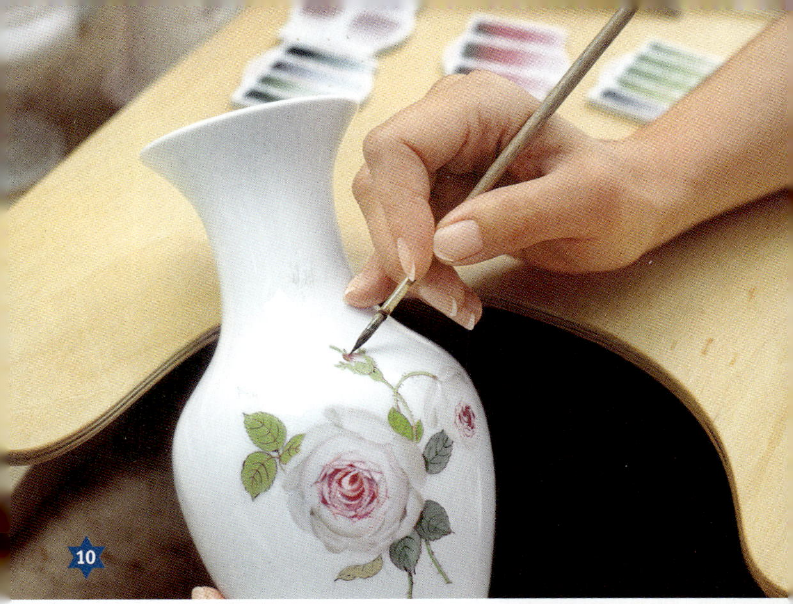

7 **Bunte Republik Neustadt**
Das alternative Fest für alle Generationen zieht die Dresdner magisch an (▸ S. 42).

8 **Kreuzchor-Vespern**
Musikalischen Hochgenuss bietet samstags der weltbekannte Kreuzchor in der Kreuzkirche (▸ S. 59).

9 **Schätze im Buchmuseum**
Die besterhaltene der vier auf der Welt vorhandenen Maya-Handschriften sowie ein Skizzenbuch von Albrecht Dürer gehören zu den Kostbarkeiten (▸ S. 69).

10 **Erlebniswelt Haus Meissen der Staatlichen Porzellanmanufaktur Meissen**
In der Schauwerkstatt den Drehern, Bossierern und Glasurmalern zusehen (▸ S. 72).

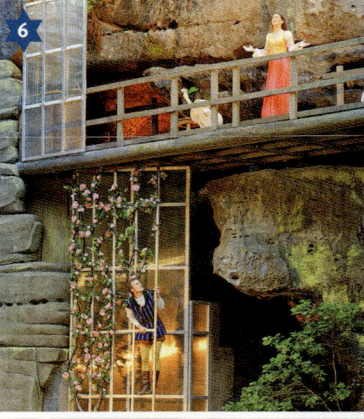

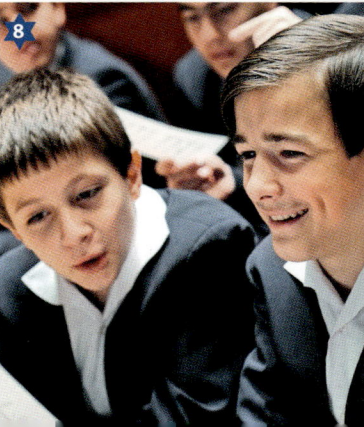

Einen Schauplatz wie diesen verlässt man ungern wieder. In den Biergärten (▸ S. 22) an den Elbufern in und um Dresden finden Besucher Entspannung.

Zu Gast **in Dresden**

In Dresden kann man angenehm wohnen, gut speisen, geruhsam shoppen, exzellente Musik- und Theateraufführungen genießen und abschließend den Abend stimmungsvoll ausklingen lassen.

Übernachten

Dresden hat für jeden seiner Gäste die passende Unterkunft zu bieten: vom eher zweckmäßigen Zimmer bis zur eleganten Kronprinzen-suite mit allem nur erdenklichen Komfort.

◄ Im Kempinski Taschenberg Palais
(► S. 13) trifft Neu auf Alt.

Gegenwärtig bieten mehr als 100 Hotels, Pensionen und Jugendherbergen etwa 17 000 Betten an, zu denen mehr als 2000 Privatzimmer und weitere Hunderte von Betten in der nahen Umgebung hinzukommen. Die meisten Häuser sind familienfreundlich, denn die Hoteliers wissen: Die Kinder sind die Gäste von morgen. Immer mehr Hotels offerieren Nichtraucherzimmer.

City oder Stadtrand

Wer Taxi oder öffentliche Verkehrsmittel nicht mag, bucht in einem Hotel der Alt- oder der Neustadt, von denen man die meisten Sehenswürdigkeiten fußläufig erreicht. Möchte man Kunst und Kultur mit Natur verbinden, dann ist ein Hotel am Stadtrand das Richtige.

Preise für ein Doppelzimmer mit Frühstück:
€€€€ ab 150 €   €€ bis 120 €
€€€ bis 150 €   € bis 100 €

HOTELS €€€€
Kempinski Taschenberg Palais
► S. 109, D 4

Fürstlich wohnen • Das barocke Bauwerk, einst eine Liebesgabe August des Starken an seine Mätresse Gräfin Cosel, wurde zum Luxushotel.
Innere Altstadt • Taschenberg 3 • Straßenbahn oder Bus: Postplatz, Straßenbahn: Theaterplatz • Tel. 4 91 20 • www.kempinski-dresden.de • 182 Zimmer, 32 Suiten • ♿ • 🐾 • €€€€

Schloss Eckberg
► S. 111, F 6

Ein Traum hoch über der Elbe • Das neogotische, türmchenreiche Schlösschen und das benachbarte Kavalierhaus stehen in einer 15 ha großen Wald- und Parklandschaft. Komfortabel und ruhig.
Loschwitz • Bautzner Str. 134 • Straßenbahn: Elbschlösser • Tel. 8 09 90 • www.schloss-eckberg.de • 17 Zimmer im Schloss, 66 im Kavalierhaus • Schloss €€€€. Kavalierhaus €€€

Steigenberger de Saxe
► S. 109, E 4

Vortrefflich • Komfort und guter Service, dazu eine tolle Lage: Das Haus liegt direkt an der Frauenkirche und auch Schloss, Zwinger und Brühlsche Terrasse sind in nur wenigen Schritten zu erreichen.
Innere Altstadt • Neumarkt 9 • Straßenbahn: Altmarkt oder Theaterplatz • Tel. 4 38 60 • www.desaxe-dresden. steigenberger.de • 192 Zimmer • ♿ • 🐾 • €€€€

HOTELS €€€
art'otel dresden
► S. 108, C 3

Kunst und Design • Dresdens Kunsthotel – der Mailänder Designer Denis Santachiara hat die Innenausstattung des Hauses entworfen – ist dem international bekannten Dresdner Maler A. R. Penck galerieähnlich gewidmet. Fast 700 seiner Kunstwerke sind hier zu sehen. Auf dem Dach steht die 6,40 m hohe bronzene Skulptur »Standart TX«.
Altstadt • Ostra-Allee 33 • Straßenbahn: Kongresszentrum • Tel. 4 92 20 • www.arthotels.com • 174 Zimmer • ♿ • 🐾 • €€€

Dorint
► S. 109, F 4

Zentral und komfortabel • Modernes Hotel, das auch anspruchsvolle Gäste zufriedenstellt. Schöner Bonus: die große Badelandschaft.

Altstadt • Grunaer Str. 14 • Straßenbahn: Deutsches Hygienemuseum •
Tel. 4 91 50 • www.dorint.com/
dresden • 244 Zimmer • ♿ • 🐕 • €€€

Innside by Melia   ► S. 109, E 4

Designhotel • Alle Sehenswürdigkeiten sind zu Fuß erreichbar. Hunderte
historische Dresden-Fotos zieren das
Haus. Wer etwas Besonderes möchte,
bucht eines der Maisonette-Ateliers.
Altstadt • Salzgasse 4 • Straßenbahn: Altmarkt • Tel. 79 51 50 •
www.solmelia.com • 180 Zimmer •
♿ • 🐕 • €€€

Radisson Blu Gewand-
haushotel 🍴 ► S. 109, E 4

Biedermeier-Eleganz • Nicht nur die
Lage ist exzellent, sondern auch
Komfort und Service. Die Zimmer
sind im historischen Charme des
Biedermeier eingerichtet.
Innere Altstadt • Ringstr. 16 (Gewand-
haus) • Straßenbahn: Pirnaischer
Platz • Tel. 4 94 90 • www.radisson
blu.com • 97 Zimmer • ♿ • 🐕 • €€€

Schloss Hotel Dresden-Pillnitz
🍴 ► S. 119, östl. F 23

Komfortabel • Traumhaft schöne Lage in der Pillnitzer Schlossanlage, alle
Zimmer mit Notebook-Anschluss.
Pillnitz • August-Böckstiegel-Str. 10 •
Bus: Pillnitzer Platz • Tel. 2 61 40 •
www.schlosshotel-pillnitz.de •
42 Zimmer • ♿ • €€€

HOTELS €€
Am Blauen Wunder ► S. 112, A 12

Im Villenviertel • Die Zimmer im ve-
nezianischen Ambiente machen den
Charme dieses Hotels aus, das nach
der bekannten Brücke benannt ist.
Blasewitz • Loschwitzer Str. 48 •
Straßenbahn oder Bus: Schillerplatz •

Tel. 3 36 60 • www.habw.de • 38 Zimmer • 🐕 • €€

Bayerischer Hof   ► S. 109, D 2

Stilvoll • Geräumige, komfortabel
eingerichtete Zimmer.
Neustadt • Antonstr. 35 • Straßenbahn: Antonstr. • Tel. 82 93 70 •
www.bayerischer-hof-dresden.de •
27 Zimmer • 🐕 • €€

Holiday Inn Dresden 🍴
► S. 110, nördl. A 5

Hier stimmt alles • Das Hotel bietet
121 vollklimatisierte Zimmer sowie
eine Badelandschaft mit Pool und
Fitnessbereich. Es verfügt außerdem
über ein Restaurant und eine Cocktailbar mit Terrasse.
Neustadt • Stauffenbergallee 25a •
Bus: Stauffenbergallee • Tel. 8 15 10 •
www.holiday-inn-dresden.de •
121 Zimmer • 🐕 • ♿ • €€

Intercityhotel   ► S. 114 C/D13

Ideal für Bahnreisende • Vom
Hauptbahnhof sind es nur wenige
Schritte und nicht viel weiter auch
zu den Sehenswürdigkeiten. Wer an
den Stadtrand möchte, kann das Auto auch stehen lassen: Der Zimmer-
ausweis dient während des Aufent-
halts als Fahrkarte für die Nahver-
kehrsmittel.
Altstadt • Wiener Platz • S-Bahn oder
Straßenbahn: Hauptbahnhof •
Tel. 26 35 50 • www.dresden.inter
cityhotel.de • 162 Zimmer • ♿ • €€

NH Dresden Altmarkt 🍴
► S. 109, D 4

Toplage • Wenige Minuten von
Frauenkirche, Zwinger und Sem-
peroper entfernt. Klares Design und
Zimmer mit modernster Technik.
Wellness mit Dachterrasse.

Altstadt • An der Kreuzkirche • Straßenbahn: Altmarkt • Tel. 50 15 50 •
www.nh-hotels.de • 240 Zimmer •
♿ • €€

Radisson Blu Parkhotel
▶ S. 93, b 2

Hotel im Grünen • Etwas außerhalb
von Dresden im hübschen Städtchen
Radebeul. Hinter dem noblen Hotel
mit 352 Zimmern gruppieren sich in
einem Barockpark neun Villen mit
98 Suiten und Studios.
Radebeul • Nizzastr. 55 • Straßenbahn: Schildenstr., S-Bahn:
Radebeul-Ost • Tel. 8 32 10 •
www.parkhotel-dresden.com •
450 Zimmer • 🐾 • €€

Ringhotel Residenz Alt Dresden
👫
▶ S. 93, b 2

Angenehme Atmosphäre • Ruhige
Lage, ein wenig abseits von der Alt-
stadt. In zwei gegenüberliegenden
Gebäuden bietet das Hotel moderne
Gästezimmer. Zwei Restaurants mit
Terrasse und eine Bar sorgen für das
leibliche Wohl.
Cotta • Mobschatzer Str. 29 • Straßen-
bahn oder Bus: Cossebauder Str., Bus:
Cotta • Tel. 4 28 10 • www.residenz-alt-
dresden.de • 212 Zimmer • ♿ • 🐾 • €€

HOTELS €
Achat Comfort Hotel 👫
▶ S. 114, B 14

Moderner Komfort • Von den Zimmern und Apartments sind einige
mit Kitchenette ausgestattet und
eignen sich so auch für längere Aufenthalte; nur 800 m vom Hauptbahnhof entfernt.
Südvorstadt • Budapester Str. 34 •
Bus: Schweizer Str. • Tel. 47 38 00 •
www.achat-hotels.com • 157 Zimmer
und Apartments • 🐾 • ♿ • €

MERIAN-Tipp ✦ 1

SWISSÔTEL DRESDEN
▶ S. 109, D 4

Eine Mischung aus Schweizer
Gastfreundschaft und sächsischer
Herzlichkeit: Stilvoller Luxus und
Komfort sowie die Toplage im Ba-
rockviertel – nur fünf Gehminuten
von Semperoper, Zwinger und
Frauenkirche entfernt – lassen
den Aufenthalt im Swissôtel Dresden zum Erlebnis werden. Die in-
dividuell geschnittenen Zimmer in
außergewöhnlichem Design bieten   Zubereitungsmöglichkeiten
für Heißgetränke und kostenlosen
Internetzugang. Besonders origi-
nell: der Wellnessbereich im historischen Kellergewölbe. Im Restaurant Hofgarten wird gehobene
Schweizer Küche mit vorwiegend
regionalen und saisonalen Produkten serviert.
Innere Altstadt • Schlossstr. 16 •
Straßenbahn oder Bus: Postplatz,
Straßenbahn: Theaterplatz • Tel.
50 12 00 • www.swissotel.com/
dresden • 230 Zimmer, 5 Suiten •
♿ • 🐾 • €€€€

Das Nichtraucherhotel Privat 👫
▶ S. 110, B 5

Für Gesundheitsbewusste • Alle
Zimmer haben Balkon oder Erker
und sind allergiegerecht eingerichtet. Restaurant für Vegetarier und
Veganer. Mit den Rädern des hauseigenen Fahrradverleihs ist man im
Nu im Zentrum.
Neustadt • Forststr. 22 • Straßenbahn: Nordstr., Bus: Marienallee •
Tel. 81 17 70 • www.das-nichtraucher-
hotel.de • 30 Zimmer • €

Essen und Trinken
Über 500 Gaststätten sorgen für das leibliche Wohl der Dresden-Besucher, die somit die Qual der Wahl haben zwischen einfachem Biergarten oder Feinschmeckerrestaurant.

◀ Gourmetfreuden im Feinkostladen des Restaurants Bean & Beluga (▶ S. 18).

Die Küche Sachsens zeichnet sich durch **herzhafte Gerichte** aus, ganz vorn rangiert dabei der Sauerbraten, ein mehrere Tage in einer Marinade eingelegtes und danach geschmortes Rindfleischstück, das mit reichlich Soße serviert wird. Beim Kartoffelsalat hat fast jeder seine eigene präferierte Geschmacksrichtung, ob mit Äpfeln, Gemüse, Eiern, Gurke, Fisch oder auch mit Rosinen zubereitet. Die Suppen, in denen Gemüse nicht fehlen darf, werden durch pürierte Kartoffeln sämig gemacht. Zu den Spezialitäten gehören auch die Quarkkeulchen, die aus gekochten Kartoffeln, Quark und Rosinen bestehen. Sie werden in Öl gebraten, mit Zucker und Zimt bestreut und mit Apfelmus gereicht. Entstanden als Armeleuteessen, sind sie inzwischen auch bei Gourmets beliebt.

Schmackhaftes aus nah und fern

In Dresden wird längst nicht nur regionale Küche angeboten, es kann ebenfalls spanisch, französisch oder italienisch, japanisch oder auch polynesisch gespeist werden. Die Gastronomie ist **international** und auf fast alle Geschmäcker ausgerichtet. Zu einer gastronomischen Meile hat sich die Münzgasse zwischen Brühlscher Terrasse und Frauenkirche entwickelt. Wer sie entlangbummelt, unternimmt eine kleine kulinarische Weltreise. Aber auch in der Weißen Gasse nahe dem Altmarkt drängen sich die Restaurants und in der warmen Jahreszeit die Gäste auf den Terrassen, denn auch die Weiße Gasse ist

frei von Autoverkehr. Hochbetrieb haben im Sommer vor allem die Biergärten, die direkt an der Elbe liegen.

Kaffee- und Biertrinker

Zum Essen trinken die Dresdner mit Vorliebe **Bier**, nach dem **Kaffee** ist es das beliebteste Getränk. Im Pro-Kopf-Verbrauch liegen die Sachsen nach den Bayern an zweiter Stelle in Deutschland. Zu den Raritäten gehören die Meißner Weine, die vor den Toren der Stadt gekeltert werden. Es sind trockene, durchgegorene Weine ohne Restzucker mit fruchtiger Säure. Das nördlichste Weinanbaugebiet Deutschlands erstreckt sich an den Elbhängen bei Dresden.

WUSSTEN SIE, DASS …

… der erste Bierdeckel in Deutschland aus Dresden stammt? Rudolf Sputh ließ sich 1892 einen »saugfähigen Holz-filz-Bierglasuntersetzer patentieren«, damit der Bierschaum nicht mehr auf den Tisch kleckerte.

Zum Kaffee lässt man sich die Eierschecke schmecken, einen Hefeblechkuchen, der mit Quark und einer dickschaumigen Mischung bestrichen wird, die aus saurer Sahne, Eiern und Vanillezucker besteht. Vor allem zur Weihnachtszeit kann man den berühmten Dresdner Christstollen genießen. Nur Stollen, die aus der Elbestadt kommen, dürfen als »Dresdner Christstollen« bezeichnet werden.

Preise für ein Hauptgericht:

€€€€ ab 25 €	€€ bis 18 €
€€€ bis 25 €	€ bis 12 €

GOURMETRESTAURANTS

Bean & Beluga ▶ S. 113, D 10

Schlichte Räume, tolles Essen • Chefkoch Stefan Hermann wartet mit einer modernen Küche auf. Weitere Pluspunkte des Hauses: exzellentes Weinangebot, perfekter Service.
Weißer Hirsch • Bautzner Landstr. 32 • Straßenbahn: Plattleite • Tel. 44 00 88 00 • www.bean-and-beluga.de • Di–Sa 18.30–22 Uhr • €€€€

Das Caroussel ▶ S. 109, E 2

Raffinesse und Qualität • Das charmante Interieur sowie die vorzügliche Kreativküche von Sternekoch Dirk Schröer machen das Speisen zum Erlebnis. Auf der Karte finden sich auch lokale Weine.
Neustadt • Königstr. 14 (im Hotel Bülow Palais) • Straßenbahn: Neustädter Markt • Tel. 8 00 30 • www.buelow-palais.de/caroussel • Di–Sa 12–14, ab 18.30 Uhr • €€€€

Intermezzo ▶ S. 109, D 4

Nobel und gut • Mediterrane und internationale Gerichte in der eleganten Atmosphäre des Nobelrestaurants im Kempinski-Hotel.
Innere Altstadt • Taschenberg 3 • Straßenbahn: Theaterplatz, Bus: Postplatz • www.kempinski-dresden.de • tgl. 12–15, 18–23.30 Uhr • €€€€

Restaurant im Hotel Schloss Eckberg ▶ S. 112, A 10

Hoch über dem Elbtal • Schwer zu sagen, was schöner ist: die erlesenen Gaumenfreuden, die man hier genießt, oder im Sommer der fantastische Blick von der Terrasse hoch über die Elbe. Sehr aufmerksamer Service.
Loschwitz • Bautzner Str. 134 • Straßenbahn: Elbschlösser • Tel. 8 09 90 • www.schloss-eckberg.de • tgl. ab 11 Uhr • €€€

Restaurant Kastenmeiers ▶ S. 109, E 4

Frischer Fisch • Im wunderschön wiederhergerichteten Kurländer Palais kommen Fischliebhaber auf ihre Kosten. Die edlen Fischspezialitäten bereitet Gerd Kastenmeier in der offenen Küche zu. Regelmäßig finden Spezialitätenwochen statt, die sich einer ausgesuchten Köstlichkeit widmen. Abends reservieren!
Altstadt • Tzschirnerplatz 3–5 • Straßenbahn: Synagoge • Tel. 48 48 48 01 • www.kastenmeiers.de • tgl. 12–23 Uhr • €€€

INTERNATIONALE KÜCHE

Ogura ▶ S. 109, E 4

Japanische Küche vom Feinsten • Seit vielen Jahren der mit Abstand beste Japaner in Dresden.
Altstadt • An der Frauenkirche 5 (im Hilton Dresden) • Straßenbahn: Theaterplatz oder Altmarkt • Tel. 8 64 29 75 • www.ogura-dresden.com • So, Di, Mi 17.30–22, Do–Sa 12–22 Uhr • €€€

Alte Meister ▶ S. 109, D 3

Ausgezeichnete Qualität • Tagsüber Museumscafé der Galerie Alte Meister, am Abend wird im einstigen Atelier des Zwingers eine kreative, französisch orientierte Küche serviert.
Altstadt • Theaterplatz 1 • Straßenbahn: Theaterplatz • Tel. 4 81 04 26 • www.altemeister.net • tgl. 10–1 Uhr • €€

Fischhaus Alberthafen ▶ S. 108, A 2

Hafenatmosphäre • Die Karte bietet, was namhafte hanseatische Fisch-

händler und sächsische Binnen-
fischer liefern. Die Fische im Meer-
wasseraquarium sind allerdings
nicht zum Verzehr bestimmt.
Friedrichstadt • Magdeburger Str. 58 •
Straßenbahn: Krankenhaus Friedrichstadt, Bus: Alberthafen • Tel. 4 98
21 10 • www.fischhaus-albert
hafen.de • tgl. 11–23 Uhr • €€

Grand Café Coselpalais
▸ S. 109, E 4

Barockes Ambiente • Im wieder ent-
standenen Coselpalais wird deutsch-
französische Küche serviert, dazu
Kaffeespezialitäten vieler Länder.
Täglich wechselndes Tagesangebot.
Altstadt • An der Frauenkirche 12 a •
Straßenbahn: Theaterplatz oder
Altmarkt • Tel. 4 96 24 44 • www.
coselpalais-dresden.de • tgl. 10–
24 Uhr • €€

Italienisches Dörfchen
▸ S. 109, D 3

Vielseitiges Angebot • Deftige sächsische Gerichte gibt es im Biersaal
und Kurfürstenzimmer. Italienische
Schlemmereien werden dagegen im
ersten Stock im Ristorante Bellotto
serviert. Ferner gibt es noch zwei
Caffee-Säle, das Weinzimmer, die
Cocktailbar, und in den Sommermonaten werden Stühle auf der Elb-
terrasse aufgestellt.
Altstadt • Theaterplatz 3 • Straßenbahn: Theaterplatz • Tel. 49 81 60 •
www.italienisches-doerfchen.de •
Café tgl. ab 10, andere Restaurants
tgl. ab 12 Uhr • €€

Kuppelrestaurant in der Yenidze
▸ S. 108, C 3

Traumhafte Aussicht • Das Restaurant befindet sich unter der Kuppel
der ehemaligen Tabakfabrik mit

MERIAN-Tipp 2

ESSEN WIE KURFÜRST
AUGUST   ▸ S. 109, D 4

In den Gewölben des Restaurants
Sophienkeller wird der Gast in
das Zeitalter von August dem
Starken entführt. Im Zeithainer
Lustlager brutzeln Köstlichkeiten
in der offenen Küche. Hier, wie
auch im Alchimistenkeller, im
Museum mit der großen Freiher-
rentafel, den Zunftgewölben und
im Wächtergang, wird deftige
sächsische Küche serviert. Ge-
trunken werden das regionale Radeberger Bier und vor allem Wein
aus Sachsen. Gaukler, Musikanten, Wahrsager und manchmal
auch August der Starke und Gräfin Cosel sorgen für Unterhaltung.
Altstadt • Sophienstr. • Straßenbahn: Theaterplatz, Bus:
Postplatz • Tel. 49 72 60 •
www.sophienkeller-dresden.de •
tgl. 11–1 Uhr • €–€€

einer herrlichen Aussicht. Neben
sächsischer Küche gibt es auch eine
kleine Auswahl an orientalischen
Speisen.
Friedrichstadt • Weißeritzstr. 3 • Straßenbahn oder Bus: Weißeritzstr. •
Tel. 4 90 59 90 • www.kuppel
restaurant.de • tgl. 11–24 Uhr • €€

Schmidts Restaurant ▸ S. 108, C 3

Mit schönem Garten • Nicht im
Zentrum, dafür eine gute Adresse für
Liebhaber klarer Formen und einer
geradlinigen, saisonal ausgerichte-
ten, immer marktfrischen Küche.
Gegessen wird im ehemaligen Pfört-
nerhaus der Hellerauer Werkstätten.

Reizend sitzt es sich im Sommergarten unter drei alten Kastanien. Hellerau • Moritzburger Weg 67 • Straßenbahn: Moritzburger Weg • Tel. 80 4 48 83 • www.schmidts-dresden.de • Mo–Fr 11–23, Sa 17.30–23 Uhr • €€–€€€

MEDITERRANE KÜCHE

Kaminrestaurant Schloss-hotel Pillnitz ▶ S. 93, c 3

Angenehme Atmosphäre • Im romantischen Ambiente werden vorwiegend französisch-mediterran inspirierte Speisen serviert. Auf der Weinkarte stehen auch Elbweine. Einen lauen Sommerabend genießt man auf der Schlossterrasse. Pillnitz • August-Böckstiegel-Str. 10 • Straßenbahn oder Bus: Kleinzschachwitz, dann Fähre, Bus: Rathaus Pillnitz oder Pillnitzer Platz • Tel. 2 61 40 • www.schlosshotel-pillnitz.de • Mo–Sa 18–23 Uhr (Nov.–März So geschl.), Mai–Okt. 11–15 Uhr Businesslunch • €€€

Lesage ▶ S. 116, A 17

Edles mit Stil • Die Fachpresse lobt die »mediterranen Gerichte mit asiatischen und exotischen Akzenten« sowie die sächsischen Weine, die hier kredenzt werden. Großer Garten• Lennéstr. 1 (in der Gläsernen Manufaktur) • Straßenbahn: Straßburger Platz • Tel. 4 20 42 50 • www.lesage.de • Di–Sa 12–15, 18–22, So, Mo 12–15 Uhr • €€€

Petit Frank ▶ S. 109, nordwestl. D 1

Leichtes Französisches • Französische Küche bei Kerzenschein im Gewölberestaurant – im Sommer im mediterranen Garten. Pieschen • Bürgerstr. 14 • Straßenbahn: Bürgerpark, Bus: Liststr. • Tel.

8 21 19 00 • www.petit-frank.de • Di–Sa 17–23 Uhr • €€€

Villa Marie ▶ S. 112, B 12

Italienische Lebensart • Restaurant im toskanischen Stil mit Biergarten, leichte italienische Küche. Besonders empfehlenswert: Seewolf mit Artischocken und Oliven. Wer weniger Hunger hat, sollte die toskanische Bohnensuppe wählen. Blasewitz • Fährgässchen 1 • Straßenbahn oder Bus: Schillerplatz • Tel. 31 54 40 • www.villa-marie.com • Mo–Sa 11.30–1, So 10–1 Uhr • €€–€€€

Kahnaletto ▶ S. 109, D 3

Auf der Elbe essen • Ein sanft schaukelndes, elegantes Schiffsrestaurant, in dem klassische italienische Küche serviert wird. Altstadt • Terrassenufer (an der Augustusbrücke) • Straßenbahn: Theaterplatz • Tel. 4 95 30 37 • www.kahnaletto.de • tgl. 12–15, 18–24 Uhr • €€–€€€

La Villetta ▶ S. 111, E 8

Antipasti und Nudelgerichte • Der Italiener setzt auf frische Produkte und täglich wechselnde Speisekarte. Blasewitz • Augsburger Str. 43 • Straßenbahn: Augsburger Str. • Tel. 31 59 90 • www.la-villetta.com • Mo–Sa 10–23, So 10–16 Uhr • €€

Ristorante Rossini ▶ S. 109, E 4

Dresdens bester Italiener • Gerichte aus den verschiedensten Regionen Italiens. Tipp: das Lammkotelett! Altstadt • An der Frauenkirche 5 (im Hilton Dresden) • Straßenbahn: Theaterplatz oder Altmarkt • Tel. 8 64 28 55 • www.hilton.de/dresden • Mo–Do 18–22.30, Fr, Sa 17–23 Uhr • €€

Das Kuppelrestaurant in der Yenidze (▶ S. 19) ist in der ehemaligen Zigarettenfabrik untergebracht, die Anfang des 20. Jh. im Stil einer Moschee erbaut wurde.

SÄCHSISCHE KÜCHE

Luisenhof ♟♙ ▶ S. 112, C 11

Bezaubernde Aussicht • Wunderschön am Loschwitzer Elbhang gelegen und wegen seines bemerkenswerten Panoramablicks auch »Balkon Dresdens« genannt. Viele fahren aber natürlich wegen der guten Küche hierher.
Loschwitz • Bergbahnstr. 8 • Straßenbahn: Schillerplatz, Bus: Körnerplatz, weiter mit der Standseilbahn • Tel. 2 14 99 60 • www.luisenhof.org • Mo–Sa 11–24, So 10–24 Uhr • €€

Carolaschlösschen ▶ S. 116, B 19

Mitten im Grünen • Im »Grand Cafe« im Erdgeschoss wird sächsisch-rustikale sowie internationale Küche serviert, in der »Galerie« im Obergeschoss munden Salat- und Pastagerichte sowie außergewöhnliche Fleisch- und Fischkreationen. Sehr hübsch an einem See gelegen.
Großer Garten • Im Großen Garten • Straßenbahn oder Bus: Querallee, Bus: Hp. Strehlen • Tel. 2 50 60 00 • www.carolaschloesschen.de • tgl. ab 11 Uhr • €–€€

Café zur Frauenkirche

▶ S. 109, E 4

Mittendrin • Morgens Frühstück, mittags sächsische Gerichte oder internationale Speisen, nachmittags gibt es Kaffee und Kuchen, abends ein frisch gezapftes Radeberger Pils oder einen Schoppen Meißner Wein. Altstadt • An der Frauenkirche 7 • Straßenbahn: Theaterplatz oder Altmarkt • Tel. 4 98 98 36 • www.cafe zurfrauenkirche-dresden.de • tgl. 8–24 Uhr, im Winter ab 9 Uhr • €

Freiberger Schankhaus

▶ S. 109, E 4

Urig historisch • Direkt neben der Frauenkirche erwarten den Gast vier Bereiche auf zwei Etagen im typischen Brauhausambiente. Zur regionalen Küche gehört natürlich Freiberger Bier. Auffallend ist das Apothekeninterieur, eine Referenz an die an dieser Stelle einst hier ansässige Salomonis-Apotheke. Altstadt • Neumarkt 8 • Straßenbahn: Theaterplatz oder Altmarkt • Tel. 5 00 43 47 • www.freiberger-schankhaus. de • tgl. ab 11 Uhr • €

Gänsedieb

▶ S. 109, D/E 4

Preiswert • Sächsische und internationale Küche; wechselnde Wochenkarte und preiswerte Mittagskarte für den kleinen, schnellen Hunger. Altstadt • Weiße Gasse 1 • Straßenbahn oder Bus: Pirnaischer Platz, Straßenbahn: Altmarkt • Tel. 4 85 09 05 • www.gaensedieb.de • tgl. ab 11 Uhr • €

Sächsisch-Böhmisches Bierhaus Altmarktkeller

▶ S. 109, D 4

Deftiges im Keller • Unter dem Kreuzgewölbe des Altmarktkellers bedienen Marketenderinnen die Gäste. Die Gerichte der sächsischen und böhmischen Küche werden überwiegend aus regionalen Produkten zubereitet. Dazu gibt es das sächsische Radeberger Pilsner und das böhmische Krusovice vom Fass. Altstadt • Altmarkt 4 • Straßenbahn: Altmarkt • Tel. 4 81 81 30 • www.altmarktkeller-dresden.de • tgl. 11–24 Uhr • €

BIERGÄRTEN

Fährgarten Johannstadt

▶ S. 110, B 6

Treffpunkt für Ausflügler • Der urige Biergarten liegt direkt an der Johannstädter Elbfähre. Hier gibt es Bier, Wein und Deftiges vom Holzkohlegrill. Radler, die den Elbradweg entlangstrampeln, machen hier gern Rast. Johannstadt • Käthe-Kollwitz-Ufer 23 b • Bus: Gutenbergstr. • Tel. 4 59 62 62 • www.faehrgarten.de • April–Okt. tgl. ab 10 Uhr • €

Schillergarten

▶ S. 112, B 11

Traditionsreich • Großer und schöner Biergarten mit Blick auf die Elbe und das Blaue Wunder. Schiller selbst soll hier während seiner Zeit in Dresden Stammgast gewesen sein. Loschwitz • Am Schillerplatz 9 • Straßenbahn oder Bus: Schillerplatz • Tel. 81 19 90 • www.schillergarten.de • tgl. 11–1 Uhr • €

CAFÉS

Café Lösch ▸ S. 112, A 12

Ein Muss für Eisliebhaber • Soft- und Kugeleis aus eigener Herstellung, feine Kuchen und Torten und eine nette Bedienung. Lassen Sie sich vom »Eis des Monats« überraschen!

Striesen • Niederwaldstr. 22 • Straßenbahn: Schillerplatz • Tel. 3 10 28 38 • www.cafe-loesch.de • Mi–Mo 13–19 Uhr

Café Toscana ▸ S. 112, B 12

Für Schleckermäuler • Hier gibt es Eierschecke und andere Köstlichkeiten aus der hauseigenen Konditorei. Köstlich und beliebt sind auch die Pralinen.

Blasewitz • Schillerplatz 7 • Straßenbahn oder Bus: Schillerplatz • www.cafe-eisold.de • Tel. 3 10 07 44 • tgl. 9–19, feiertags 12–19 Uhr

Café Vis-à-Vis ▸ S. 109, E 4

Wiener Kaffeehaus • Mit hausgemachtem Kuchen und einem Schälchen Heeßer lässt sich hier auf der Brühlschen Terrasse wunderbar entspannen.

Altstadt • Brühlsche Terrasse 3 (im Hotel Hilton Dresden) • Straßenbahn: Theaterplatz oder Altmarkt • Tel. 8 64 28 37 • www.hilton.de/dresden • Mo–Fr 10.30–24, Sa, So 9.30–24 Uhr

Konditorei & Café Gradel ▸ S. 118, B 22

Herrliche Verführung • Die Kuchen und Torten von Jens Gradel haben einen guten Ruf, ebenso aber auch die selbst gemachten Pralinen. Bei den verwendeten Zutaten wird auf höchste Qualität geachtet.

Tolkewitz • Wehlener Str. 28 • Bus: Kipsdorfer Str. • Tel. 2 51 74 25 • www.gradel.com • Mo geschl.

Das Ogura (▸ S. 18) gilt seit Jahren als das beste japanische Restaurant der Stadt. Ein wenig versteckt ist es im Gebäude des Dresden Hotel Hilton untergebracht.

grüner
reisen

Wer zu Hause umweltbewusst lebt, möchte dies vielleicht auch im Urlaub tun. Mit unseren Empfehlungen im Kapitel grüner reisen wollen wir Ihnen helfen, Ihre »grünen« Ideale an Ihrem Urlaubsort zu verwirklichen und Menschen zu unterstützen, denen ein verantwortungsvoller Umgang mit der Natur am Herzen liegt.

Dresden von seiner grünen Seite

An der Elbe sind heute wieder Angler zu sehen, die Zander, Hecht und Aale herausholen, denn die Wasserqualität hat sich seit der deutschen Einheit erheblich verbessert. Ebenso verbessert hat sich die Luftqualität. Und was die Bauern und Gärtner heutzutage ernten, ist nicht mehr wie zu DDR-Zeiten mit Schwefeldioxyd belastet. Vieles ist Bio! Angeboten werden die ökologischen Produkte auf den Märkten, aber auch immer mehr in den Geschäften. In den Küchen der Restaurants kocht man in zunehmendem Maße mit frischen, regionalen Produkten – das Biozeichen ist jedoch leider auf den Speisekarten viel zu selten zu sehen. Wer in einem Biohotel wohnen möchte, der muss gegenwärtig noch vor den Toren Dresdens nächtigen. Dass sich aber auch in Dresden immer mehr Menschen für Umweltthemen interessieren und sich für ihre Umwelt engagieren, das beweist eindrucksvoll der entstehende städteökologische Erlebnispfad. Er soll nicht nur die Dresdner, sondern auch ihre Gäste auf anschauliche und kurzweilige Art und Weise für ein Umweltbewusstsein motivieren.

ÜBERNACHTEN
Bio & Nationalparkhotel Helvetia
▸ S. 93, östl. d 3

Vor den Toren von Dresden empfängt Sachsens erstes Biohotel seine Gäste. Viel Licht, reichlich Holz, helle Farben, ein schöner Garten mit Liegestühlen und eine 100 Prozent Bio Vital Küche. Eine ganze Etage ist mit Elektrosmog reduzierten Zimmern ausgestattet, mit Blick zur Elbe oder zu den Sandsteinfelsen. In den Leitungen fließt zertifizierter Ökostrom, und selbst Textilien, Pflegemittel und Kosmetik sind biologisch hergestellt. Alle Zutaten in den Speisen und Getränken stammen aus kontrolliert biologischem Anbau, zum überwiegenden Teil aus der Region, das frische Gemüse und die feinen Kräuter kommen sogar aus dem eigenen Garten. Geräuschempfindliche dürften jedoch ihre Probleme haben, denn auf der gegenüberliegenden Elbseite befinden sich leider die Gleise der viel befahrenen Eisenbahnlinie Dresden-Prag.

Bad Schandau, Ortsteil Schmilka Nr. 11 • S-Bahn • Tel. 03 50 22/ 9 22 30 • www.hotelhelvetia.de • 22 Zimmer • €€

ESSEN UND TRINKEN
Birke Spezialitäten
▸ S. 108, nördl. A 1

Früher ging es ohne Chemie, warum soll es heute nicht auch ohne gehen? Diese Frage stellte sich Fleischermeister Joachim Birke vor vielen Jahren. Er suchte und fand Bauern, die seine Meinung teilten. In seinem Gasthaus kommt nur Biofleisch auf die Tische. Schweinefleisch und Geflügel bezieht er vom Biopark im mecklenburgischen Malchin, wo auf artgerechte Tierhaltung und Weidegang gesetzt wird. Herbizide und Insektizide haben hier keine Chance, auf Masthilfsmittel sowie Hormone und Fütterungsantibiotika verzichtet man. Das Lammfleisch liefert zum Teil die Schäferei Reichstädt in Dippoldiswalde. Das Wild wird großenteils in den umliegenden Wäldern selbst geschossen, den Fisch bringen fangfrisch mit dem Haus befreundete Fischer. Serviert wird Ökobier aus einer kleinen Familienbrauerei in Neuendorf in der Altmark und Ökowein aus Langenlohnsheim/Nahe. In Birkes Fleischerei neben dem Wirtshaus gibt es nur Bio-Erzeugnisse. Herkunft und Aufzucht können lückenlos belegt werden.

Pieschen • Rehefelder Str. 66 • Straßenbahn: Alt-Pieschen • Tel. 8 49 56 87 • www.bio-birke-dresden.de • Mo–Sa 11–15 Uhr • €€

Café Saite
▸ S. 110, nordöstl. A 5

Brötchen, Milch, Honig, Eier, hausgemachter Kartoffel- und Nudelsalat, Käse – vieles ist 100 Prozent Bio und stammt von regionalen Erzeugern. Der Wildlachs ist hausgebeizt, und die Waffeln sind selbst gebacken. Hinter den meisten Gerichten der Speisekarte steht das Zeichen Bio, auch bei »Schweineschnitzel mit Buttermöhrchen und Kartoffeln«. Inhaber Bernd Beyer: »Alles ist Bio, das Fleisch sowie die Möhren und Kartoffeln kommen vom Vorwerk Podemus aus Dresden.« Weitere Lieferanten sind unter anderem das Stadtgut Görlitz für Eier und Obst, der Milchschafhof Bärenstein, Falk Bräuer für Schafskäse, der Ziegenhof Lauterbach für Ziegenkäse, der Biohof Jauernick für Gemüse und die Biobäckerei Heller aus Dresden. Das bereits 2001 biozertifizierte Café Saite war das erste in Sachsen. Wer Jazz mag, schaut montags vorbei, da gibt es ab 20 Uhr Livemusik.

Neustadt • Seitenstr. 4 b • Straßenbahn: Tannenstraße • Tel. 8 02 44 52 •
www.cafe-saite.de • Mo–Sa
18–24 Uhr, So 10–15 Uhr • €€

EINKAUFEN

Bauern- und Erzeugermarkt
Königstraße ▸ S. 109, E 2

Obst und Gemüse entsprechend der
Jahreszeit, viele Blumen, aber auch
Molkereierzeugnisse, Säfte und Wein.
Angeboten werden auf dem kleinen
Platz mit Schatten spendenden Bäumen
rund um den historischen Rebecca-
brunnen ausschließlich landwirtschaft-
liche Produkte aus eigener Herstellung
sowie ökologisch erzeugte Waren. Wer
seinen Stand auf Dresdens Bauern-
und Erzeugermarkt aufbaut, hat die
Produkte meist erst am Morgen auf den
Feldern und in den Gärten der Umgebung geerntet. Ist die Ernte nicht reichlich, spüren das die Kunden des Mark-
tes. Denn dann sind manchmal nur
eine Handvoll Produzenten vertreten.
Wer an dem Markttag nicht in Dresden
weilt, sollte sich den Freitag vormerken,
da findet von 8–17 Uhr auf der Lingnerallee nahe beim Hygiene-Museum
Dresdens größter Wochenmarkt statt,
auf dem auch viele Bioprodukte im Angebot sind.
Neustadt • Königstraße • Straßenbahn: Neustädter Markt • Sa 9–13 Uhr

Biokonditorei & Bäckerei
Bucheckchen
▸ S. 115, südöstl. F 16

Biokuchen, Biobrot, Biobrötchen, Bio-
eis … Alles ist Bio, die erlesenen Produkte stammen aus ökologischem
Landbau und unterliegen regelmäßi-
gen strengen Kontrollen. Das Speiseeis
hat lediglich 0,1 bis 0,2 Prozent Fett,
ist milchfrei und cholesterinarm, es
schmeckt aber dennoch wie Milcheis.

Leubnitz • Wilhelm-Franke-Str. 36 •
Tel. 4 70 73 77 • Straßenbahn: Alt-
leubnitz • www.biokonditorei.de

Bio-Sphäre Naturkost
▸ S. 109, F 1

Biologisch erzeugte Lebensmittel, ökologische Naturwaren, Naturkosmetik
und ökologische Reinigungsmittel,
Obst und Gemüse, Brot und Backwa-
ren, Molkereiprodukte und Käse – alle
Lebensmittel kommen täglich frisch in
den Biomarkt. Drei regionale Bäcker
sorgen für Abwechslung im Brotregal,
Produzenten aus dem Umland, die sich
auf Schafmilchprodukte spezialisiert
haben, und biologisch bewirtschaftete
Biohöfe mit eigener Milch- und
Joghurtherstellung runden das Sorti-
ment im gut sortierten Milchprodukte-
regal ab. Die angebotenen Soja- und
Seitanprodukte sind eine wohlschme-
ckende Alternative für alle Vegetarier
oder Menschen, die Milch- bzw.
Fleischprodukte nicht vertragen.
Äußere Neustadt • Königsbrücker-
str. 76 (Eingang vom Bischofsweg) •
Straßenbahn: Bischofsweg • Tel.
8 04 44 66 • www.bio-sphaere.de

AKTIVITÄTEN

Stadtökologischer Erlebnispfad
Dresden-Süd ▸ S. 115, D 16 – E 15

Einwohner und Gäste Dresdens werden hier auf ökologische Besonderhei-
ten in der Stadt aufmerksam gemacht,
man möchte sie zum umweltbewuss-
ten Handeln motivieren. Der im Auf-
bau befindliche Erlebnispfad besteht
aus sogenannten Stationen. Dort stehen Informationstafeln und Schau-
objekte. Die höchstgelegene Station
beim Bismarckturm auf der Räcknitzhöhe, von dem ein weiter Blick auf
die Elbestadt bietet, widmet sich dem
Thema »Stadtklima«. Hier wird ver-

Das Bio & Nationalparkhotel Helvetia (▶ S. 25) ist das einzige Biohotel in Sachsen. Es liegt in einer herrlichen Umgebung, die zum naturnahen Entspannen einlädt.

deutlicht, wie Bebauung das Mikroklima verändert. Dazu wurden vier Metallwürfel mit Auflagen aus Materialien aufgestellt, wie sie beim Hausbau verwendet werden. Die Temperatur der verschiedenen Würfel wird mit der Temperatur des angrenzenden Rasens verglichen. Damit demonstriert man, wie sich die Temperatur durch bebaute Flächen gegenüber Vegetationsflächen erhöht. Die nächste Station im Volkspark Räcknitz vermittelt Wissenswertes zum Leben der Bienen. Von hier läuft man die Heinrich-Greif-Straße entlang, geht über den Zellerschen Weg und kommt zur dritten Station am Beutlerpark, wo auf dem Asphalt Baumwurzeln aufgemalt sind. Sie sollen auf ökologische Probleme von Stadtbäumen aufmerksam machen. Dresden hat insgesamt 48 000 Straßenbäume. Die Stadt gilt mit 63 Prozent Wald- und Grünfläche als eine der grünsten Europas. Doch den Stadtverantwortlichen genügt das nicht. Entlang der früheren Stadtbefestigung ist ein Promenadenring für Fußgänger und Radfahrer mit doppelreihigen Baumalleen geplant. Die nächste Station des Erlebnispfades in der nahen, von Ginkgobäumen gesäumten Franklinstraße informiert über die Geschichte und die Lebensweise der Ginkgobäume. Der Erlebnispfad Dresden-Süd ist Teil eines Netzes, das der Bund für Umwelt und Naturschutz Deutschland e. V. zusammen mit dem Arbeitskreis »Lebensraum Stadt« der Lokalen Agenda 21 für Dresden e.V. nach und nach in verschiedenen Stadtteilen Dresdens aufbaut.

Südvorstadt/Räcknitz • Straßenbahn: Räcknitzhöhe • www.bund.net/dresden/erlebnispfad

Einkaufen
In Dresden kann man nach Lust und Laune shoppen, ob beim Bummeln in der QF-Passage an der Frauenkirche oder beim Flanieren im barocken Viertel rund um die Königstraße.

◄ Pfunds Molkerei (► MERIAN-Tipp, S. 29): ein Fest für die Sinne.

Dresden hat sich in jüngster Zeit zu einer Shoppingstadt entwickelt. Zu DDR-Zeiten war es ausschließlich die Prager Straße, in der sich die Menschen zum Einkaufsbummel drängten. 1978 hatte hier das erste Warenhaus der Stadt eröffnet, das bis zur Einheit das einzige bleiben sollte. Im Bereich **Prager Straße–Altmarkt** sind inzwischen weitere hinzugekommen, vor allem noch Dutzende Fachgeschäfte und Boutiquen, in denen der Kunde mit Aufmerksamkeit und Fachwissen beraten wird.

Weltstadtatmosphäre

In der **Altmarkt-Galerie** sorgen rund 200 Geschäfte, Cafés und Restaurants für Weltstadtatmosphäre. 30 000 Kunden flanieren täglich durch diesen Gebäudekomplex mit 44 000 qm Verkaufsfläche auf vier Ebenen. Die Haupteingänge befinden sich am Altmarkt sowie am Dr.-Külz-Ring gegenüber der Fußgängerzone Prager Straße. Neueste Einkaufsdomizile sind die Passage im »**Quartier an der Frauenkirche**«, kurz QF genannt, und die **Centrum-Galerie** in der Prager Straße, mit rund 120 Geschäften auf 52 000 qm die größte innerstädtische Einzelhandelsgalerie (www.centrumgalerie.de) der Stadt.

Jenseits der Elbe

Jenseits der Elbe, in der Neustadt, offerieren im Dreieck zwischen **Haupt- und Königstraße** edle Boutiquen internationale Mode, laden Gourmetadressen zum Genießen ein. Von der Königstraße ist es nur ein kleiner Abstecher zur **Prisco Passage**

MERIAN-**Tipp**

PFUNDS MOLKEREI
► S. 110, A 6

Der schönste Milchladen der ganzen Welt – behaupten zumindest die Dresdner, und niemand hat ihnen bislang widersprochen. Mehr als 3500 handgemalte Jugendstilfliesen zieren die Wände, Decken und den Verkaufsstand. Sie zeigen weidende Kühe, erzählen von der Milchherstellung und -verarbeitung sowie dem Verkauf. Paul Gustav Pfund ließ 1892 den Laden errichten, durch ein Fenster im Verkaufsraum konnte man beim Melken der Kühe zuschauen. Er war der Erste, der Kondensmilch herstellte und die Pasteurisierung der Milch einführte. Zu DDR-Zeiten verfallen, wurde der Laden sorgfältig restauriert und bietet seitdem etwa 120 Käsesorten an, auch an Sonnabenden und Sonntagen. Neustadt • Bautzner Str. 79 • Straßenbahn: Pulsnitzer Str • www.pfunds.de

im Wallgässchen. Hinter einem markanten Torhaus öffnet sich ein mediterran anmutender, ruhiger Innenhof mit vielen Einkaufsmöglichkeiten, dessen Gestaltung eine Brücke von Tradition zur Moderne schlägt. Die **Kunsthandwerkpassagen** sind in der Hauptstraße in den barocken Bürgerhäusern 9–19 entstanden. In den kleinen Geschäften, von der Goldschmiede bis zum Töpfer, dürfte jeder etwas finden. Besonders interessant ist hier: Fast überall kann zugeschaut werden, wie traditionelles Kunsthandwerk hergestellt wird.

In der Dresdner Neustadt, zwischen Alaunstr. 70 und Görlitzer Str. 21–25, befindet sich die **Kunsthofpassage**. Sie führt durch vier Höfe, die unterschiedlichen Themen gewidmet sind: Fabelwesen, Licht, Metamorphosen und Elemente. Die **Neustädter Markthalle** an der Ecke Metzer-/Ritterstraße, ein Gründerzeitbau von 1899, musste nach der Zerstörung im Zweiten Weltkrieg bis 2001 auf ihre völlige Wiederherstellung warten. In dem lichtdurchfluteten Bau werden überwiegend regionale Produkte verkauft, darunter Wein von den Elbhängen.

Das neue Gesetz zu den Ladenöffnungszeiten gestattet dem Handel in Sachsen, und somit auch in Dresden, die Geschäfte von Montag bis Samstag von 6 bis 22 Uhr zu öffnen. In den kleinen Orten der Umgebung gibt es oft mittags eine Pause von ein bis zwei Stunden, und abends werden die Geschäfte nach wie vor meist um 18 Uhr geschlossen.

ANTIQUARIAT

Dresdner Antiquariat ▶ S. 109, D 4

Mit einem Buchbestand von mehr als 60 000 Bänden ist dies eines der größten Ladenantiquariate Deutschlands. Umfangreich ist das Angebot an Gebrauchsliteratur.
Altstadt • Wilsdruffer Str. 14 • Straßenbahn: Altmarkt oder Pirnaischer Platz • www.dresdener-antiquariat.de

ANTIQUITÄTEN

Joachim Noack ▶ S. 109, E 2

Erstklassige Stücke vom Barock bis zum Jugendstil, antike Uhren ebenso wie Biedermeier-Möbel.
Innere Neustadt • Königstr. 5 (im Innenhof) • Straßenbahn: Neustädter Markt • www.antiquitaeten-noack.de

DELIKATESSEN

Savoir Vivre ▶ S. 108 nördl. C 1

Ein Laden für Genießer. Das umfangreiche Angebot an französischen Spezialitäten reicht von Wein über Käse, Pastete bis zu Süßem. Was in den schlichten Holzregalen liegt, kommt frisch aus Frankreich. Im angeschlossenen Ladenbistro wird echte französische Hausmannskost gereicht. Im Weinkeller finden Verkostungen und kleine kulturelle Veranstaltungen statt.
Pieschen • Bürgerstr. 36 • Straßenbahn: Liststr. • www.frankreich laden.de

KERAMIK

Keramik am Körnerplatz
▶ S. 112, C 11

Hier lässt sich Keramik aus der Lausitz und aus Litauen sowie von der bekannten, im Jahr 2001 verstorbenen ostdeutschen Keramikerin Hedwig Bollhagen aus Marlwitz erstehen.
Loschwitz • Friedrich-Wieck-Str. 7 • Straßenbahn: Schillerplatz, Bus: Körnerplatz • www.keramik-am-koernerplatz.de

KONDITOREI

Kreutzkamm ▶ S. 109, D 4

Die Christstollen von Kreutzkamm sind ein Begriff. Wer nicht zur Weihnachtszeit in die Elbestadt weilt, greift zum nicht minder berühmten Kreutzkamm-Baumkuchen.
Altstadt • Altmarkt 25 (in der Altmarktgalerie) • Straßenbahn: Altmarkt • www.kreutzkamm.de

KUNST/KUNSTHANDWERK

art + form ▶ S. 109, F 2

Vielseitige kunstvolle Geschenke und wechselnde Ausstellungen, vorrangig heimischer Künstler. Der

Bummelboulevard besonderer Art: Vier miteinander verbundene Innenhöfe mit kleinen Geschäften und Gaststätten bilden die kreativ gestaltete Kunsthofpassage (▶ S. 30).

besondere Service dazu: Die gekauften Grafiken und Gemälde werden in der dazugehörenden Werkstatt fachgerecht gerahmt.
Neustadt • Bautzner Str. 11 • Straßenbahn: Albertplatz • www.artundform.de

Galerie Sybille Nütt ▶ S. 109, D/E 2

Die Galerie bietet Kunst der Gegenwart mit dem Schwerpunkt Dresden. Die Galeristin bringt die gekauften Kunstwerke auf Wunsch selbst zum Kunden, um bei deren Aufstellung oder Hängung zu beraten.
Neustadt • Obergraben 10 • Straßenbahn: Albertplatz • www.galerie-sybille-nuett.de

Kunsthandwerk an der Kreuzkirche ▶ S. 109, D 4

Hier bekommt man fast alles, was in Sachsen hergestellt wird, von Korbwaren über mundgeblasenes Glas bis zu Räuchermännchen.

Altstadt • Kreuzstr. 6 • Straßenbahn oder Bus: Pirnaischer Platz

Weihnachtsland am Zwinger
▶ S. 109, D 4

Im Weihnachtsland kann man Weihnachten das ganze Jahr genießen. Schöne echt erzgebirgische Volkskunst von mehr als 80 Handwerksbetrieben in reichlicher Auswahl.
Altstadt • Kleine Brüdergasse 5 • Straßenbahn: Theaterplatz, Straßenbahn oder Bus: Postplatz • www.weihnachtsland-dresden.com

MÄRKTE

Elbe-Trödelmarkt ▶ S. 109, F 3

Antikes, Kurioses, Kunsthandwerk, Altes und Neues – die Warenvielfalt der bis zu 600 Händler ist durchaus beeindruckend.
Johannstadt • Elbufer an der Albertbrücke (Altstädter Seite) • Straßenbahn: Sachsenplatz • Sa 7–14 Uhr

Meissener Porzellan kann man im Hotel Hilton an der Frauenkirche (▶ S. 33) erwerben. In der Schauwerkstatt der Manufaktur wird die Herstellung demonstriert (▶ S. 72, 95).

Sachsen-Markt   ▶ S. 115, F 13

Dresdens beliebtester Markt, der jeden Freitag von 8–17 Uhr (im Winter bis 16 Uhr) stattfindet. Vor allem regionale Produkte werden angeboten.
Großer Garten • Lingnerallee • Straßenbahn: Großer Garten

MODE

Anna G   ▶ S. 109, E 2

Sportlich-elegante Tages- und Freizeitbekleidung für Damen von Marken wie Cambio, Airfield oder Dismero. Die Kindermode ist sportlich oder flippig, aber auch klassisch, festlich und verspielt. Schuhe und Accessoires ergänzen das Angebot.
Neustadt • Königstr. 11 • Straßenbahn: Palaisplatz oder Albertplatz • www.mode-dresden.de

Cocoon   ▶ S. 109, E 2

Exklusives sportliches und pfiffiges Angebot für Frauen und Männer.
Neustadt • Rähnitzgasse 18 (auch in der Altmarktgalerie) • Straßenbahn: Neustädter Markt • www.cocoon-dresden.de

Rehaland   ▶ S. 116, C 1

Verführerische Dessous aus Spitze, Seide oder Satin. In der Sommersaison große Auswahl an Bademoden aller Formen und Farben.
Altstadt • Nicolaistr. 24/26 • Straßenbahn: Fetscherplatz • www.magic-dessous.de

Wöhrl Plaza   ▶ S. 115, D 13

Die zwei Gebäudeteile sind unter- und oberirdisch verbunden. Das Nürnberger Familienunternehmen errichtete mit dem über 50 Mio. Euro teuren Dresdner Neubau sein größtes Modehaus.
Altstadt • Prager Str. 8 • Straßenbahn: Prager Str. oder Walpurgisstr. • www.woehrl.de/sachsen.html

PORZELLAN

Dresdner Porzellan ▶ S.109, E 2

Zum Bestand der seit dem Jahr 1872 bestehenden Sächsischen Porzellan-Manufaktur gehören 12 500 Formen von Figuren, Tierplastiken, Vasen, Dosen, Schalen, Leuchter und Körbe. Sogar nach individuellen Wünschen werden hier persönliche Präsente gefertigt. Wer zudem sehen möchte, wie das Zierporzellan kunstvoll entsteht, sollte in die Manufaktur nach Freital vor den Toren Dresdens fahren.

Altstadt • An der Frauenkirche 20 • Straßenbahn: Neustädter Markt oder Albertplatz • www.dresdner-porzellan.com

Meissener Porzellan am Fürstenzug ▶ S. 109, E 4

Bei diesem autorisierten Fachhändler für Meissener Porzellan sind edle Stücke erhältlich.

Altstadt • An der Frauenkirche 5 (im Hotel Hilton Dresden) • Straßenbahn: Theaterplatz oder Altmarkt • www.meissen.com

SCHMUCK UND UHREN

Goldschmiede Lehmann
▶ S. 114, B 15

Die Auswahl an in der eigenen Werkstatt gefertigten Stücken ist groß. Die Spezialität: Meissener Porzellan in Schmuckstücken verarbeitet. Auch Uhren aus der traditionsreichen Produktionsstätte Glashütte.

Südvorstadt • Nürnberger Str. 31A • Straßenbahn: Südvorstadt, Bus: Bernhardtstr. • www.goldschmiede-lehmann.de

Leicht ▶ S. 109, D 4

Designerschmuck aus Gold und Silber. Wer etwas Besonderes erwerben möchte, wählt den Lieblingsring Augusts des Starken aus: In 18-karätigem Gold mit rosafarbenem Morganit wird er im Juwelieratelier als nummerierte Sonderedition angefertigt.

Altstadt • Sophienstr. (im Kempinski Hotel Taschenbergpalais) und An der Frauenkirche 3 • Straßenbahn: Theaterplatz, Straßenbahn oder Bus: Postplatz • www.leicht-jewellery.com

Ultramaringelb ▶ S. 109, F 1

Die offene Schmuckwerkstatt in der Kunsthofpassage bietet einzigartige Unikate in neuem und sehr individuellem Design. Der direkte Kontakt von Künstler und Interessent sowie die Teilnahme am Entstehungsprozess des Schmuckstücks ist erwünscht.

Neustadt • Görlitzer Str. 23 • Straßenbahn: Görlitzer Str. oder Louisenstr. • www.ultramaringelb.de

WANDERBEDARF

Globetrotter ▶ S. 108, B 4

Hier erhält man alles, was man für Wanderungen in der Sächsischen Schweiz braucht, von Schuhen und Kleidung bis hin zu Zelten und Kartenmaterial.

Altstadt • Prager Str. 10 • Straßenbahn: Prager Str. • www.globetrotter.de

WEIN

Sächsische Vinothek an der Frauenkirche ▶ S. 109, E 4

Die Weine und Brände aller sächsischen Erzeuger sind im Angebot. Im gemütlichen Weinkeller finden regelmäßig Verkostungen statt.

Altstadt • Salzgasse 2 • Straßenbahn: Synagoge oder Altmarkt • www.saechsische-vinothek.de

Am Abend

Langeweile kann in Dresden gar nicht erst aufkommen. Von der weltberühmten Semperoper geht es direkt ins bunte Nachtleben mit zahlreichen Bars, originellen Clubs, Diskotheken und Kabaretts.

◄ Die Oper (► S. 38) hat ihren Namen von ihrem Baumeister Gottfried Semper.

Am Tage bietet Dresden seinen Gästen ein vorzügliches Kulturangebot, das am Abend fortgesetzt wird. Als Muss für jeden Musikinteressierten gilt die **Semperoper**, wobei Karten rechtzeitig vorbestellt werden sollten. Erlebnisreich sind auch Besuche der anderen großen und kleinen **Theater**, die mit vielfältigem Repertoire aufwarten. Karten für die Theater sind in der Schinkelwache am Theaterplatz zu erhalten (Tel. 49 19 22 33). Die Semperoper verfügt über einen eigenen Verkaufsschalter (Tel. 4 91 17 05).

Schrilles und Schräges zur Nacht

Wer den Abend locker und amüsant ausklingen lassen möchte, hat dazu viele Möglichkeiten. Dresden wartet mit einem bunten, oft schrillen Nachtleben auf, besonders auf dem rechtselbischen Ufer in der Neustadt. An Sommerabenden, wenn Stühle und Tische nach draußen gestellt werden, geht es hier lebhaft zu. Viele Infos finden sich auch auf der Website www.dresden-nightlife.de.

BARS

Karl-May-Bar ► S. 109, D 4

Erinnerung an die Salons vergangener Zeiten. Große Auswahl an Whiskeys. Freitags und samstags Livemusik.
Altstadt • Taschenberg 3 • Straßenbahn: Theaterplatz, Bus: Postplatz

Sonder Bar ► S. 114, A 15

Bei Kerzenschein kann man aus rund 350 Cocktails und über 700 internationalen Spirituosen auswählen.

MERIAN-Tipp

AUF ROLLEN DURCH DIE STADT
► S. 115, E 13

Ein besonderes Event vereint von Ende April bis Oktober jeden Freitag Dresdner und ihre Gäste: Auf Rollen durch die Stadt jagen! Das erfolgt auf wechselnden Strecken zwischen 15 und 25 km. Ordner begleiten den Pulk, der Autoverkehr wird vorübergehend gesperrt, ein Musikmobil ist auch dabei. Bis zu 3000 Skater sind rund 2 Std. unterwegs, gestartet wird 21 Uhr an der Halfpipe an der Lingner Allee gegenüber dem Rathaus. Gegen Entgelt stehen Schutzausrüstung und Markenskates zum Ausleihen bereit. www.nachtskatendresden.de

Plauen • Würzburger Str. 40 • Bus: Bamberger Str. • www.sonderbar.de

CLUBS UND PARTYLOCATIONS

Bärenzwinger ► S. 109, D 3

Dresdens traditionsreichster Treffpunkt für junge Leute unter der Brühlschen Terrasse. Zu DDR-Zeiten lange die einzige Disco der ganzen Stadt. Oft Livemusik und Diskothek, das Musikangebot reicht von Folklore bis Blues, von Jazz bis Rock.
Altstadt • Brühlscher Garten 1 • Straßenbahn: Synagoge • Tel. 79 27 85 24 • www.baerenzwinger.de

Downtown ► S. 109, F 1

Freitags und samstags Disco auf den Floors einer ehemaligen Fabrikhalle.
Neustadt • Katharinenstr. 11–13 • Straßenbahn: Albertplatz oder Louisenstr.

Kathy's Garage ▶ S. 109, F 1

Institution für alternatives Ausgehen: Livemusik, Kickerturniere, Disco oder einfach Treff von Touristen, Punks und Anwälten.
Neustadt • Louisenstr./Ecke Alaunstr. 48 • Straßenbahn: Louisenstr. • www.katysgarage.de

Liveclub Tante JU
▶ S. 109, nordöstl. F 1

Die beliebte Partylocation hat sich vor allem durch ihre Livemusik einen Namen gemacht. Einrichtung und Dekoration erinnern an die bunte Welt der Fliegerei.
Neustadt • An der Schleife 1 • Straßenbahn: Industriegelände • www.liveclub-dresden.de

---

MERIAN-Tipp 5

KNEIPENRUNDGANG
▶ S. 109, E 2

Sich in der Kneipenszene der Neustadt zurechtzufinden, ist fast unmöglich. Weit über 100 Bars, Pubs und Restaurants haben hier ihre Türen geöffnet, manche in Hinterhöfen. Auf der Tour lernt man einige der Kneipen kennen und sie verschafft ein wenig Übersicht. In mindestens zwei der Bars wird eingekehrt. Gestartet wird täglich um 21 Uhr am Artesischen Brunnen am Albertplatz. Gibt es viele Interessenten, werden Gruppen von maximal 15 Personen gebildet, denn manche Kneipe hat gerade mal so viele Plätze.
Voranmeldung unter Tel. 01 72/ 7 81 50 07 • www.nightwalk-dresden.de • Preis 13 € • Dauer 3–4 Std.

---

m.5 Nightlife ▶ S. 109, E 4

Tanzvergnügen mit Niveau für Nachtschwärmer und dazu mehr als 50 Cocktails.
Altstadt • Münzgasse • Straßenbahn: Theaterplatz oder Altmarkt • www.m5-nightlife.de

Musikpark Dresden ▶ S. 114, C 13

Bis zu 1500 Partygäste vergnügen sich Do–Sa in der Nachterlebniswelt mit fünf unterschiedlichen Themen- und Musikbereichen.
Altstadt • Wiener Platz 9 • Straßenbahn: Hauptbahnhof • www.mp-dd.de

Pier 15 ▶ S. 108, C 1

Angesagte Partynächte mit Licht- und Videoeffekten sind garantiert in einer historischen Lagerhalle im Neustädter Hafen. Und alles steht unter dem Motto »Best in Music«.
Neustadt • Leipziger Str. 15 • Straßenbahn: Alter Schlachthof • www.pier15.de

Scheune ▶ S. 109, F 1

Kreatives Kulturzentrum, eingeladen wird zu Konzerten, Theater, Lesungen und Tanz. Montags Jazz, sonntags zeigt man »Tatort«.
Neustadt • Alaunstr. 36–40 • Straßenbahn: Louisenstr. • Tel. 8 04 38 22 • www.scheune.org

KABARETT UND VARIETÉ
Dresdner Comedy & Theater Club
▶ S. 109, D 3

Musik und Kabarett, Theater und Comedy mit direktem Kontakt von Künstlern und Publikum. Im Sommer finden die Aufführungen im Dresdner Zoo statt
Altstadt • Italienisches Dörfchen am Theaterplatz • Straßenbahn: Theater-

platz, Postplatz • Tel. 4 64 48 77 •
www.comedytheaterclub-dresden.de

Dresdner Kabarett
Breschke & Schuch ▶ S. 108, B 3

Spritzige und witzige Texte, Gesangs-
einlagen und Wortspiele. Die Pointen
der beiden gestandenen Dresdner
Kabarettisten sitzen.
Altstadt • Wettiner Platz (Eingang
Jahnstraße) • Straßenbahn: Bf. Mitte •
Tel. 4 90 40 09 • www.kabarett-
breschke-schuch.de

Herkuleskeule ▶ S. 108, C 4

Politisch-satirisches Kabarett, in dem
oft Gäste auftreten, wenn das hausei-
gene Ensemble außerhalb spielt.
Altstadt • Sternplatz 1 • Straßenbahn:
Budapester Str., Bus: Josephinenstr.•
Tel. 4 92 55 55 • www.herkules
keule.de

Travestie-Revue Theater Carte
Blanche und Varieté ▶ S. 110, A 6

Ein Hauch von Pariser Lido oder
Moulin Rouge: eine spektakuläre
Show aus Travestie, Comedy, Artis-
tik, Ballett und Gesang mit vielen
hochkarätigen Gastkünstlern.
Neustadt • Prießnitzstr. 10 • Straßenbahn: Diakonissenkrankenhaus •
Tel. 20 47 20 • www.carte-blanche-
dresden.de

KINOS
Filmtheater Schauburg
▶ S. 109, F 1

Es gibt hier nicht nur Filme, sondern
auch Konzerte und Lesungen. Regis-
seure und Schauspieler aus der Region kommen häufig, um ihre Werke
persönlich vorzustellen.
Neustadt • Königsbrücker Str. 55 •
Straßenbahn: Bischofsweg • Tel. 8 03
21 85 • www.schauburg-dresden.de

Neues Rundkino 3D ▶ S. 115, D 13

Im Rundkino: Großformatfilme in
digitaler 3-D-Technik.
Altstadt • Prager Str. 6 • Tel. 4 84
39 22 • Straßenbahn: Prager Str. •
www.rundkino.com

KNEIPEN UND LOKALE
Café Europa ▶ S. 109, F 1

Wen nach Mitternacht noch Hunger plagt, erhält hier warmes Essen.
14 nationale und internationale Zei-
tungen und Internetzugang gratis.
Neustadt • Königsbrücker Str. 68 •
Straßenbahn: Bischofsweg • www.
cafe-europa-dresden.de • tgl. rund
um die Uhr geöffnet

Paul Rackwitz ▶ S. 114, A 16

Hölzerne Tische auf mehreren Etagen, Whiskey in großer Auswahl und
nach 20 Uhr viele, viele Menschen.
Plauen • Plauenscher Ring 33 •
Straßenbahn: Cämmerswalder Str. •
www.paul-rackwitz.de • tgl. geöffnet

Planwirtschaft ▶ S. 109, F 1

Eine der Szenekneipen, die unmittelbar nach der Wende in der Dresdner
Neustadt entstanden.
Neustadt • Louisenstr. 20 (im Hinter-
haus) • Straßenbahn: Louisenstr. •
www.planwirtschaft.de • tgl. geöffnet

Raskolnikoff ▶ S. 109, F 2

Mancher beginnt mit dem üppigen
Frühstück, sitzt im Sommer tagsüber
im Garten und beendet den Tag bei
einem frisch zubereiteten Essen.
Neustadt • Böhmische Str. 34 •
Straßenbahn: Görlitzer Str. • www.
raskolnikoff.de • tgl. geöffnet

The Red Rooster ▶ S. 109, E 2

Pub & Café, hier treffen sich Künstler und solche, die sich dafür halten.

MERIAN-Tipp   6

FELSENBÜHNE RATHEN
▶ S. 93, d 3

Das schönste Naturtheater, sagen die Dresdner, und niemand hat ihnen das bis jetzt streitig gemacht. Die Bühne liegt, der Name sagt es, inmitten eines Felskessels in der Sächsischen Schweiz und hat 2000 Zuschauerplätze. In den Sommermonaten agieren hier die Helden von Karl May und machen sie zu einer Wallfahrtsstätte für Freunde des Abenteuerschriftstellers. Die Opernliebhaber besuchen abends Webers »Freischütz« oder gar die Märchenoper »Hänsel und Gretel«, Klassikfans Shakespeares »Sommernachtstraum«.
S-Bahn bis Rathen oder mit der Sächsischen Dampfschifffahrt • Tel. 03 50 24/77 70 • www.felsenbuehne-rathen.de

Im Sommer einige Tische im barocken Innenhof. Man kann unter mehr als 130 Whiskeysorten wählen. Neustadt • Rähnitzgasse 10 • Straßenbahn: Neustädter Markt • www. redrooster-pub.de • tgl. geöffnet

MUSIKTHEATER UND KONZERTE
Dresdner Philharmonie
▶ S. 109, D 4

Die 1870 gegründete Philharmonie genießt Weltruf. Unzählige Konzertreisen führten das Orchester in viele Länder der Welt.
Altstadt • Wilsdruffer Str. (im Kulturpalast) • Straßenbahn: Altmarkt • Tel. 4 86 63 06 • www.dresdner philharmonie.de

Sächsische Staatskapelle
▶ S. 109, D 3

Die Staatskapelle gehört zu den namhaftesten Orchestern Deutschlands. Die Konzerte im wunderschönen Ambiente der Semperoper sind ein Hochgenuss.
Altstadt • Theaterplatz • Straßenbahn: Theaterplatz, Postplatz • Tel. 4 91 17 05 • www.saechsische-staatskapelle.de

Sächsische Staatsoper/ Staatskapelle Dresden (Semperoper)
▶ S. 109, D 3

Operngenuss in bester Qualität in einem prachtvollen Bau. Für Opernfans aus aller Welt ein Anziehungspunkt.
Altstadt • Theaterplatz • Straßenbahn: Theaterplatz, Straßenbahn oder Bus: Postplatz • Tel. 4 91 17 05 • www.semperoper.de

Staatsoperette Dresden
▶ S. 93, c 3

Das einzige Operettentheater in Deutschland. Gespielt werden die so beliebten Klassiker wie »Fledermaus« und »Zigeunerbaron« ebenso wie erfolgreiche amerikanische Musicals.
Leuben • Pirnaer Landstr. 131 • Straßenbahn oder Bus: Altleuber • Tel. 2 07 99 29 • www.staatsoperette-dresden.de

SCHAUSPIEL
Comödie Dresden
▶ S. 108, B 4

Den Spielplan prägen anspruchsvolle Komödien. Die Hauptrollen besetzen in den meisten Fällen Schauspieler, die bereits in der DDR Film- und Theaterlieblinge waren.
Altstadt • Freiberger Str. 39 • Straßenbahn: Freiberger Str. • Tel. 86 64 10 • www.comoedie-dresden.de

Landesbühne Sachsen

▸ S. 108, nordwestl. C1

In den Sommermonaten finden im Stammhaus 50 Veranstaltungen (vom Kammerkonzert bis zu tänzerischen Serenaden) im Zwingerhof statt.
Radebeul • Meißner Str. 152 • Straßenbahn: Landesbühne Sachsen • Tel. 8 95 40 • www.dresden-theater.de

Staatsschauspiel Dresden

▸ S. 108, C 4

Das einstige Königliche Schauspielhaus bekam bei der Restaurierung in den 1990er-Jahren sein historisches Inneres zurück. Auf dem Spielplan steht, was zur Weltdramatik gehört. Das Kleine Haus in der Neustadt (Glacisstr. 28) widmet sich der experimentellen Bühne. Besonderer Beliebtheit erfreut sich das Projekt »Bürgerbühne«, wo Dresdner Bürger für Dresdner Bürger Theater spielen.
Altstadt • Theaterstr. 2 • Straßenbahn oder Bus: Postplatz • Tel. 4 91 35 55 • www.staatsschauspiel-dresden.de

Theaterkahn Dresdner Brettl

▸ S. 109, D3

Ein ausgedienter, verrosteter Elbkahn wurde zu einem Theater- und Restaurantschiff mit modernster Licht- und Tontechnik umgebaut.
Altstadt • Terrassenufer/Augustusbrücke • Straßenbahn: Theaterplatz • Tel. 4 96 94 50 • www.theaterkahn-dresden.de

Wechselbad der Gefühle

▸ S. 114, B 13

Der Theatername verrät: Das kleine private Theater bietet ein vielseitiges und interessantes Programm.
Altstadt • Maternistr. 17 • Straßenbahn oder S-Bahn: Freiberger Straße • Tel. 7 96 11 55 • www.theater-wechselbad.de

Dank Häusern wie dem Staatsschauspiel (▸ S. 39) gilt Dresden als Kulturmetropole. Hier eine Szene aus einer Aufführung des »Steppenwolf«.

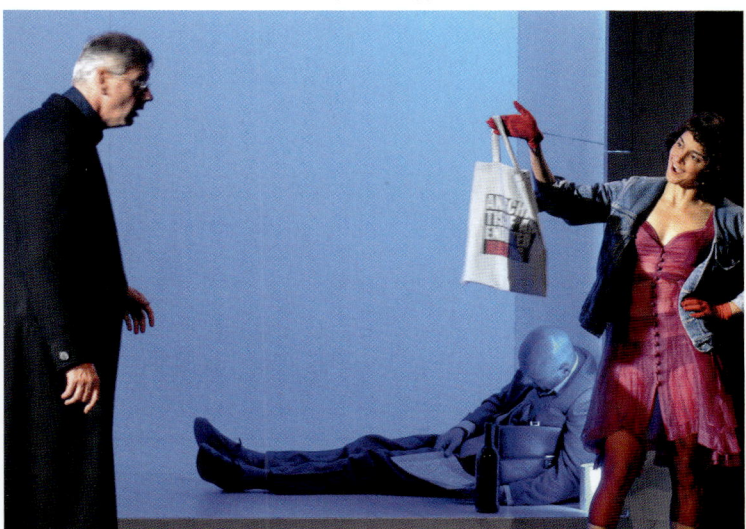

Feste und Events

In Dresden ist immer etwas los. Die hochkarätigen musikalischen Veranstaltungen und auch der Weihnachtsmarkt ziehen Besucher von nah und fern an.

◄ Aufmarsch der Brass Bands beim Dixieland-Festival (► S. 41).

APRIL

Filmfest Dresden

Alljährlich Mitte April ist Dresden Schauplatz eines der bedeutendsten Kurzfilmfestivals Deutschlands. Das Programm umfasst den Kurzfilm in all seinen Facetten: Neben Animations- und Kurzspielfilmen finden auch Dokumentationen und Experimentalfilme ihren Weg auf die Leinwand.
www.filmfest-dresden.de

MAI

Traditionelle Dampferparade

Ein tolles Spektakel: Am 1. Mai starten die neun historischen Schaufelraddampfer und zwei Salonschiffe zur Flottenparade mit Livemusik.
www.saechsische-dampf
schifffahrt.de

Internationales Dixieland-Festival Dresden

Mitte Mai wird eine Woche lang Musik in Sälen, auf Straßen und Plätzen in der europäischen Hauptstadt des Dixieland gespielt. Dresden gilt bei Jazzern und Dixiefreaks als das New Orleans Europas, und das wird hier angemessen zelebriert.
www.dixieland.de

MAI/JUNI

Dresdner Musikfestspiele

Zu diesen Festspielen werden Konzerte mit internationalen Stars und Dresdner Künstlern in Schlössern, Theatern und Kirchen veranstaltet. Die Festspiele sind jedes Jahr einem anderen Thema gewidmet und ziehen Besucher von weither an.
www.musikfestspiele.com

JUNI

Elbhangfest

Das Elbhangfest ist eines der populärsten Stadtteilfeste in Dresden. Es bietet am letzten Wochenende des Monats Kunst und Volksfest in einem; neben Konzerten und Theater gibt es auch Märkte für das Dresdner Handwerk. Das Fest wird auf einem Areal entlang der Elbe von Loschwitz bis Pillnitz veranstaltet.
www.elbhangfest.de

Bunte Repulik Neustadt

► MERIAN-Tipp, S. 42

WUSSTEN SIE, DASS ...

... Dresden mit dem Internationalen Dixieland-Festival das zweitgrößte Dixieland-Festival der Welt ausrichtet? Jedes Jahr im Mai bricht in Dresden das Dixie-Fieber aus mit dem Dixieland-Umzug durch die Stadt als Höhepunkt.

JUNI BIS AUGUST

Filmnächte am Elbufer

Open-Air-Kino an der Elbe: Zahlreiche Zuschauer locken das vielseitige Filmangebot sowie Konzerte bekannter Künstler vor traumhafter Kulisse: am Ufer der Elbe gegenüber der historischen Altstadt.
www.filmnaechte-am-elbufer.de

AUGUST

Dresdner Stadtfest 👫

Viel Spaß und Unterhaltung: Das 1997 erstmals in der zweiten Monatshälfte veranstaltete Fest spricht aufgrund seines umfangreichen, vielseitigen Programms Jung und Alt an. Eröffnung auf dem Theaterplatz.
www.dresdner-stadtfest.com

MERIAN-Tipp 7

BUNTE REPUBLIK NEUSTADT
▸ S. 109, F 1/2

Gaukler und Musikanten, Theatergruppen und Trödelmärkte an allen Ecken. Hier und dort wird auch gleich aus dem Erdgeschossfenster heraus verkauft. Die Innere Neustadt gleicht am dritten Juniwochenende einem Ameisenhaufen. Neben dem Elbhangfest ist die BRN, die Bunte Republik Neustadt, das Lieblingsfest der Dresdner. 1990, genau eine Woche vor dem offiziellen Einzug der West-Mark in der DDR, wurde in der Inneren Neustadt eine eigene Republik proklamiert, eine provisorische Regierung gebildet und eigenes Geld in Umlauf gebracht. Die Grenzen der kleinen Bunten Republik Neustadt wurden auf den Straßen weiß markiert, sie umfassten das Karree Bautzener Straße, Königsbrücker Straße, Bischofsweg und Prießnitzstraße – heute ist es das Gebiet für das alternative Fest für alle Generationen, das sich offiziell »Nachbarschafts-, Kunst- und Kulturfest« nennt.
3. Juniwochenende •
www.brn-plan.de

Moritzburg Festival

Wer weltweit bekannte Spitzenmusiker, aber auch hochbegabte Nachwuchsmusiker erleben möchte, sollte unbedingt einen Ausflug nach Moritzburg zum Kammermusik-Festival unternehmen. Die Konzerte finden rund zwei Wochen lang im zauberhaften Ambiente des Speisesaals des Moritzburger Schlosses so-wie in der evangelischen Kirche in Moritzburg statt.
www.moritzburgfestival.de

SEPTEMBER/OKTOBER
Dresden-Marathon

Am dritten Sonntag im Oktober wird die berühmte Marathonstrecke von 42,195 km gelaufen. Wer sich das nicht zutraut, der läuft 10 km oder nimmt am Halbmarathon (21,1 km) teil.
www.dresden-marathon.de

TonLagen – Dresdner Festival für zeitgenössische Musik

Das international bedeutende Festival der Gegenwartskunst findet Anfang Oktober im Festspielhaus Hellerau vor den Toren Dresdens statt. Gespielt wird zeitgenössische Musik von Musiktheater über Kammer- und Elektronische Musik bis zu multimedialen Performances. Veranstalter ist das Europäische Zentrum der Künste.
www.hellerau.org

DEZEMBER
Striezelmarkt

Alljährlich zur Adventszeit verwandelt sich der Altmarkt in ein einzigartiges Weihnachtsland. Der Striezelmarkt, der traditionell am Samstag vor dem ersten Advent öffnet, gilt als Deutschlands ältester Weihnachtsmarkt. Angeboten werden Pyramiden, Räuchermänner, Nussknacker und Schwibbögen aus dem nahen Erzgebirge, Blaudruck und Töpferwaren aus der Lausitz und Adventssterne aus Herrnhut. Kulinarische Attraktion bildet stets der originale Dresdner Christstollen, aber auch Pulsnitzer Pfefferkuchen und die beliebten Bratwürste fehlen nicht.

A. LANGE & SÖHNE
ALDO BRUÉ
ANNE FONTAINE
ARGENTUM ALLES IN SILBER
ATELIER NEUMEISTER

SHOPPEN UND GENIESSEN AUF 3 ETAGEN
QUARTIER AN DER FRAUENKIRCHE
DRESDEN

BOGNER
BORGIOLI
BOSE
BRUNATE
CENEDELLA
COLDINI
CONFISERIE FELICITAS
COUER DE LION
DOLCE & GABBANA
DRESDEN BUCH
EMIL REIMANN
ESCADA
EVELIN BRANDT BERLIN
FRANCESCHETTI
GLASHÜTTE ORIGINAL
GUCCI
JOY HARPER
LACOSTE
LIZ MALRAUX
MARINA RINALDI
MEISSEN MANUFAKTUR
PANTOFOLA D'ORO
POMELLATO
PRETTY BALLERINA
PRIME SHOES
RENA LANGE
ROLEX
SCABAL
STUDIO HERRICH
TALBOT RUNHOF
THIERRY RABOTIN
TOD'S
VAN LAACK
VOI
WOLFORD

WWW.QF-DRESDEN.DE

Familientipps

Dresden legt sich auch für seine jungen Gäste ganz schön ins Zeug, mit gläsernen Menschen, Lokomotiven quer durch den Großen Garten und Märchen unter einer bunten Glaskuppel.

◄ Sonderausstellungen für Kids gibt es im Deutschen Hygienemuseum (► S. 45).

1001 Märchen ► S. 108, C 2/3

In die Welt des Orients entführen die Lesungen aus den Märchen aus 1001 Nacht. Und das in der zauberhaften Kulisse der Yenidze-Glaskuppel. Altstadt • Weißeritzstr. 3 • Straßenbahn: Kongresszentrum • Tel. 4 95 10 01 • www.1001maerchen.de • Tickets für Nachmittagsvorstellung 7,50 €, Kinder 5 €, Familien 22,50 €

Eselnest ► S. 108, nördl. A 1

Esel streicheln und auf ihnen reiten, Meerschweinchen und Kaninchen verwöhnen oder auf dem großen Spielplatz toben. Pieschen • Eisenberger Str. 2a • Straßenbahn: Alexander-Puschkin-Platz • Tel. 8 11 23 45 • www.eselnest.de • Di–Sa 13–18, Ferien in Sachsen Mo–Fr 11–18 Uhr • Eintritt frei, für Angebote 2,50 €

Kindermuseum im Deutschen Hygienemuseum ► S. 115, E 13

»Unsere fünf Sinne« heißt die für Kinder zwischen vier und zwölf Jahren konzipierte spannende Mitmach-Ausstellung über den Menschen. Altstadt • Lingnerplatz 1 • Straßenbahn: Großer Garten oder Deutsches Hygienemuseum • Tel. 48 46 00 • www.dhmd.de • Di–So 10–18 Uhr • Eintritt 7 €, Kinder frei

Parkeisenbahn
► S. 115, F 13 und S. 116 C 19

Mit dem Liliput-Zug auf 5,6 km durch den Großen Garten fahren. Altstadt • Großer Garten • Straßenbahn: Straßburger Platz oder Großer Garten • Tel. 4 45 67 95 • www.park eisenbahn-dresden.de • Ostern–

Sept. Di–So 10–18, Juli/Aug. auch Mo 13–18 Uhr • Rundfahrt 4 €, Kinder 2 €, Familien 11 €

Remmi-Demmi-Kinderland
► S. 93, b 3

Toben, spielen, Spaß haben – in Sachsens größtem Indoor-Spielplatz für Kinder von 1–13 Jahren. Bannewitz • Windbergstr. 54 • Bus Richtung Altenberg bis Bannewitz/ Windbergstr. • Tel. 4 24 72 47 • www.remmi-demmi-kinderland.de • Mo, Do, Fr 14–19, Mi 9–19, Sa, So 10–20, Ferien in Sachsen tgl. 10–20 Uhr • Eintritt 4,90 €

Theater der Jungen Generation
► S. 108, westl. A 3

Ein bunter Spielplan für Kinder und Jugendliche: Märchen und Theaterstücke für die Kleineren, freche Inszenierungen für die Größeren. Cotta • Meißner Landstr. 4 • Straßenbahn: Cossebauder Straße, Bus: Schunckstraße • Tel. 4 96 53 70 • www.tjg-dresden.de • Eintritt Schauspiel 12 €, Kinder 5,50 €, Puppentheater 9 €, Kinder 4,50 €

Waldseilpark Dresden-Bühlau
► S. 93, c 2

Abenteuer pur! Klettern über Hindernisse und Brücken, hangeln an Seilen. Für Kinder ab 3 Jahren. Bühlau • Straßenbahn: Betriebshof Bühlau oder Bus: Elisabethstraße • Tel. 1 60 18 98 • www.waldseilpark-dresden.de • April–Okt. Mo–Fr 14–17, Sa, So 10–17, Ferien in Sachsen tgl. 10–17 Uhr • Eintritt Mo–Fr 13 €, Kinder 9 €, Sa, So 15 €, Kinder 11 €

👫 Weitere Familientipps sind durch dieses Symbol gekennzeichnet.

Die Brühlsche Terrasse (▶ S. 51), Dresdens schönste Promenade, schmücken Bauwerke aus dem 19. Jh.; dahinter die Kathedrale St. Trinitatis (▶ S. 57).

Unterwegs
in Dresden

»Elbflorenz« nannte der Philosoph Herder Dresden,
und Dichterfürst Goethe sprach nach dem Besuch der
Gemäldegalerie Alte Meister von einem »Heiligtum«.

Sehenswertes

Beim Besuch Dresdens gibt es viel zu entdecken. Die Stadt an der Elbe glänzt mit grandioser Architektur und prachtvollen Sehenswürdigkeiten von Barock bis Avantgarde.

◄ Eindrucksvoller Blick durch den Zwinger (▶ S. 66) auf König Johann und den Theaterplatz (▶ S. 65).

Zwinger, Semperoper, Brühlsche Terrasse, Frauenkirche und noch etliches mehr haben internationalen Ruf. Wer Dresden besucht, eilt zu diesen Highlights, sie sind ein Muss.

Stadt der Superlative

Nicht weniges in der Elbestadt darf sich mit Superlativen schmücken, so die Kathedrale (letzte große Leistung des römischen Barock), Stallhof (ältester Turnierplatz der Welt), Bergschwebebahn (älteste der Welt), Blaues Wunder (erste strompfeilerfreie Brücke Europas), Fürstenzug (größtes Porzellanbild der Welt) und Raddampferflotte (größte und älteste der Welt). Die Stadt bietet auch eine Menge kunstvoller Kleinigkeiten, Denkmäler, die an große Geister wie Carl Maria von Weber und Gottfried Semper erinnern, sowie geschichtsträchtige Brunnen, von denen wohl der Türken- und der Cholerabrunnen die wertvollsten sind.

Nobelvillen

Zu Dresden gehört aber noch mehr: prachtvolle Bürgerhäuser in der Neustadt, die im Jahr 1700 auf Geheiß von August dem Starken planmäßig zwischen Neustädter Markt und Albertplatz erbaut wurden, sowie noble Villen auf dem Weißen Hirsch, Dresdens vornehmster Wohnadresse. Hosterwitz und Pillnitz, obwohl schon zu Beginn des 20. Jh. nach Dresden eingemeindet, besitzen immer noch viel von der Atmosphäre, als sie Bauern- und Winzerdörfer waren.
Viele der Prachtbauten sind aus dem weichen Sandstein der Sächsischen Schweiz erbaut. Der ist besonders empfindlich gegen Luftverschmutzung, vor allem der saure Regen setzt ihm enorm zu, zerfrisst ihn und färbt ihn tiefschwarz. Die Restauratoren mühen sich seit Jahrzehnten redlich, doch die Unterhaltsarbeiten werden wohl nie ein Ende finden.

Albertinum   ▶ S. 109, E 4

Der gewaltige Vierflügelbau (1884–1887), benannt nach dem Ende des 19. Jh. regierenden König Albert, musste sich nach der Hochwasserflut im August 2002 in sechsjähriger Bauzeit einer Modernisierungskur unterziehen. Entstanden sind in 17 Meter Höhe über dem vormals offenen Innenhof hochwassersichere Depots und Restaurierungswerkstätten. Möglich wurde dies durch eine spektakuläre, 2700 Tonnen schwere stählerne Brückenkonstruktion. In den neuen Ausstellungssälen zeigen die in dem legendären Museum beheimatete Skulpturensammlung sowie die Galerie Neue Meister (▶ S. 72) einen Teil ihrer Schätze.
Altstadt • Brühlsche Terrasse • Straßenbahn: Synagoge, Bus: Pirnaischer Platz

Albertplatz   ▶ S. 109, E 2

Von dem Verkehrsmittelpunkt der Neustadt gehen sternförmig zehn Straßen ab, u. a. die Königstraße mit ihren prächtigen Barockhäusern. Die Grünanlagen schmücken die wunderschönen Brunnen (1894) »Stille Wasser« auf der Ostseite und »Stürmische Wogen« auf der Westseite. Das **Schillerdenkmal** (1913) aus weißem Marmor zeigt nicht nur den Dichterfürsten, sondern auch Szenen aus seinen bekanntesten Werken. Neueren Datums ist das bronzene

Erich-Kästner-Denkmal (1987), aufgestellt wurde es auf diesem Platz, weil der Autor von »Emil und die Detektive« im nahen Haus Königsbrücker Straße 66 geboren wurde.
Seit Ende 1999 gibt es ein weiteres Kästner-Denkmal: Der Schriftsteller hockt als kleiner Junge auf der Mauer bei der Villa Augustin, in deren Garten er einst spielte. Das Wasser im eleganten **Brunnentempel** (1906) an der Ecke zur Königsbrücker Straße kommt aus einer Tiefe von 243,5 m.
Neustadt • Straßenbahn: Albertplatz

Alter Katholischer Friedhof
▶ S. 108, B 2

Sachsens wichtigster katholischer Gottesacker, weil hier viele ihre letzte Ruhestätte fanden, deren Namen eng mit Dresden verknüpft sind: der Maler Gerhard von Kügelgen, der Feldmarschall Johann Georg Chevalier de Saxe (Sohn von August dem Starken und seiner Mätresse Ursula Catharina Fürstin von Lubomirska) sowie Carl Maria von Weber. Dessen Grabstelle hat Gottfried Semper geschaffen.
Friedrichstadt • Friedrichstr. 54 • Straßenbahn: Waltherstr., Bus: Friedrichstadt

Altes Landhaus
▶ S. 109, E 4

Über 130 Jahre debattierten in dem Haus die Vertreter der Landstände, ab 1833 der Landtag, heute informiert hier das Stadtmuseum über Dresdens Geschichte. Das Bauwerk (1770–1776), das einzige, das an der heutigen Wilsdruffer Straße das Bombeninferno 1945 einigermaßen überstand und wieder aufgebaut werden konnte, gehört zu den architektonischen Kleinoden in der Altstadt.
Altstadt • Wilsdruffer Str. 2 • Straßenbahn oder Bus: Pirnaischer Platz

Altmarkt
▶ S. 109, D 4

Seit Jahrhunderten der Mittelpunkt der Stadt. Am Ende des Zweiten Weltkriegs war nicht ein einziges Haus unzerstört. 1953 begann die Wiederbebauung. Die Nordseite schließt als Werk der neueren DDR-Architektur der Kulturpalast (1969) mit seinem kupferblechgedeckten Dach ab. In dem Saal für 2400 Besucher, in dem schon zu DDR-Zeiten Weltstars gastierten, spielt heute die Dresdner Philharmonie.
Altstadt • Straßenbahn: Altmarkt

Bergschwebebahn 👫
▶ S. 112, C 11

Sie ist die älteste ihrer Art auf der Welt und wurde im Jahr 1901 in Betrieb genommen. Die Wagen hängen an einem Traggerüst, und auf der 273,80 m langen Strecke wird ein Höhenunterschied von 84 m überwunden, die Geschwindigkeit beträgt 2,5 m/Sek. Die Bergschwebebahn verbindet die Dresdner Vororte Loschwitz und Oberloschwitz. Bei der Talstation steht als barocker Zentralbau die Loschwitzer Kirche (1705), die als kleine Schwester der Frauenkirche gilt. George Bähr und Johann Gottfried Fehre d. Ä. sind ihre Baumeister.
Loschwitz • Talstation: Pillnitzer Landstr., Bergstation: Sierksstr. • Straßenbahn: Schillerplatz, Bus: Körnerplatz • www.dvb.de

Blaues Wunder
▶ S. 112, B 12

Dresdens berühmteste Elbbrücke, die unter ihrem richtigen Namen Loschwitzer Brücke kaum jemand kennt. Kurz nach ihrer Fertigstellung im Jahr 1893 erhielt sie einen grünen Anstrich, der sich schließlich leicht ins Blaue verfärbte und so zum

Ingenieurleistung des ausgehenden 19. Jh. – die Loschwitzer Brücke, besser bekannt unter dem Namen »Blaues Wunder« (▶ S. 50).

Namen »Blaues Wunder« führte. Die Brücke mit ihrer 3500 t schweren Eisenkonstruktion, die Blasewitz und Loschwitz verbindet, war die erste strompfeilerfreie Brücke Europas und gilt als ingenieurtechnisches Meisterwerk.

Loschwitz • Straßenbahn oder Bus: Schillerplatz

Botanischer Garten 👫

▶ S. 116, A 17

Rund 10 000 verschiedene Blumen und Pflanzen aus aller Welt wachsen im Freiland und in den Schauhäusern. Im Freigelände gedeihen Giftpflanzen, mit denen im Mittelalter mancher Tyrann auf »sanfte« Weise aus dem Wege geräumt wurde. Der Botanische Garten, eine wissenschaftliche Einrichtung der Universität, hatte sich bereits unmittelbar nach seiner Gründung 1815 internationales Ansehen erworben.

Großer Garten • Stübelallee 2 • Straßenbahn: Straßburger Platz • www.tu-dresden.de/bot-garten • April–Sept. tgl. 8–18, Nov., Feb. tgl. 10–16, Okt., März tgl. 10–17, Jan., Dez. tgl. 10–15.30 Uhr, Gewächshäuser tgl. ab 10 Uhr • Eintritt frei

Brühlsche Terrasse ⭐

▶ S. 109, D/E 3

»Balkon Europas« wird die etwa 500 m lange und bis zu 200 m breite Anlage genannt, weil sich von ihr ein wunderschöner Blick auf die Elbe und die am anderen Ufer liegende Neustadt bietet. Die meisten der heute vorhandenen Repräsentativbauten **Neues Ständehaus** (▶ S. 59), **Sekundogenitur** (▶ S. 63), **Kunstakademie/Ausstellungsgebäude** (▶ S. 58) sowie **Albertinum** (▶ S. 49) sind zu Beginn des 20. Jh. entstanden.

Altstadt • Straßenbahn: Theaterplatz oder Synagoge

Bürgerwiese   ▸ S. 115, E 13

Der lang gestreckte Park zwischen dem Georgplatz und dem Großen Garten gehört zu den Oasen inmitten der City. Die im englischen Stil gestaltete Bürgerwiese schmücken zahlreiche Kunstwerke.
Großer Garten • Bürgerwiese, Parkstr. • Bus: H.-Dankner-Str.

Dreikönigskirche   ▸ S. 109, E 2

»Sächsische Paulskirche« nennt der Volksmund das Gotteshaus, weil in ihr von 1990 bis 1993 – wie die Nationalversammlung Mitte des 19. Jh. in Frankfurt/Main – der Sächsische Landtag mangels geeigneter Räumlichkeiten beriet. Der im Zweiten Weltkrieg zerstörte Sakralbau bekam beim Wiederaufbau sein historisches Äußeres zurück, das Innere wurde dem neuen Nutzungszweck als Tagungs- und Begegnungszentrum »Haus der Kirche« angepasst. Von dem Barockaltar (1741) hat das Feuer im Februar 1945 nur einen Torso übrig gelassen, der als Mahnmal an den Zweiten Weltkrieg in dieser Form stehen bleiben wird. Vom Kirchturm bietet sich aus 45 m Höhe ein einzigartiger Rundblick.
Neustadt • Hauptstr. 23 • Straßenbahn: Neustädter Markt oder Albertplatz • Turmbesteigung März–Okt. Di 11.30–16, Mi–Fr 11–17, Sa, So 11.30–17, Nov.–Febr. Mi 12–16, Do, Fr 10–16, Sa, So 11.30–16.30 Uhr • Eintritt 1,50 €, Kinder frei

Elbschlösser   ▸ S. 111, F 6

Zwischen Neustadt und Loschwitz, hoch über dem Elbhang, stehen drei Schlösser: **Schloss Albrechtsberg** und das **Lingnerschloss**, die für Veranstaltungen genutzt werden, sowie **Schloss Eckberg**, das als Hotel dient. Alle drei Schlösser wurden im 19. Jh. inmitten von Weinbergen errichtet.

Blick von den Elbwiesen zur Brühlschen Terrasse (▸ S. 51). Links im Hintergrund die Kunstakademie, rechts die Frauenkirche (▸ S. 53).

Loschwitz • Bautzner Str. • Straßenbahn: Elbschlösser

Festung Dresden (Kasematten) 👥   ▶ S. 109, E 3

Unter der **Brühlschen Terrasse** ver-
bergen sich Reste der alten Dresdner
Renaissancefestung. So ist etwa das
Ziegeltor zu sehen, Dresdens einziges erhalten gebliebenes Stadttor,
das im 16. Jh. überbaut wurde. Selbst
ältere Dresdner lernen hier ein nahe-
zu unbekanntes Stück ihrer Stadtge-
schichte kennen, denn die kalten und
feuchten Gewölbe sind erst 1993 der
Öffentlichkeit zugänglich gemacht
worden.
Altstadt • Georg-Treu-Platz • Straßenbahn: Synagoge, Bus: Pirnaischer
Platz • www.festung-dresden.de •
April–Okt. tgl. 10–18, Nov.–März tgl.
10–17 Uhr • Eintritt 5 €, Kinder 2,50 €

Frauenkirche 2   ▶ S. 109, E 4

Seit Sommer 2004 prägt die monumentale Kuppel der Frauenkirche
wieder Dresdens Silhouette; am 30.
Oktober 2005 erfolgte mit riesigem
Medieninteresse die Weihe. Sachsens
bedeutendste protestantische Kirche, ein 95 m hoher Zentralbau über
quadratischem Grundriss, war am
Ende des Zweiten Weltkrieges fast
vollständig zerstört worden, zu
DDR-Zeiten blieb die Ruine als
Mahnmal stehen.
1993 begann der weitgehend aus
Spenden finanzierte Wiederaufbau.
Ein Drittel der verwendeten Steine
sind Originale, sie sind an der dunk-
len Färbung erkennbar und werden
dadurch auch für kommende Generationen das tragische Schicksal des
Gotteshauses ablesbar machen. Von
der Kuppel bietet sich aus 68 m Höhe
ein schöner Blick auf Dresden.

Innere Altstadt • Neumarkt • Straßenbahn: Altmarkt • www.frauenkirche-
dresden.de • Mo–Fr 10–12, 13–18
Uhr, Sa, So mit Einschränkungen •
Führungen nach der Andacht Mo–Fr
12, Mo–Mi, Fr 18 Uhr • Eintritt frei •
Kuppelaufstieg März–Okt. Mo–Sa
10–18, So 12.30–18, Nov.–Febr. bis
16 Uhr • Eintritt 8 €, Kinder 5 €

Fürstenzug   ▶ S. 109, D 4

An der Außenseite des Langen Gan-
ges reiten alle Herrscher aus dem
Hause Wettin, insgesamt 35 Mark-
grafen, Kurfürsten und Könige. Das
mit 957 qm größte Porzellanbild der
Welt ist nicht nur Ahnengalerie der
Wettiner, sondern auch ein Album
europäischer Geschichte. Kenner des
Dresdner Hofes werden König
Friedrich August III. vermissen, den
letzten Regierenden. Er ist auf dem
101,9 m langen Fries nicht zu sehen,
weil er 1872, als mit dem Kunstwerk
begonnen wurde, erst sieben Jahre
alt war. Der Fürstenzug in seiner
heutigen Art entstand 1904 bis 1907
aus 25 000 Meissener Porzellanka-
cheln, er zeigt 93 Personen.
Innere Altstadt • Augustusstr. • Straßenbahn: Theaterplatz oder Altmarkt

Gewandhaus   ▶ S. 109, E 4

Der Barockbau hinter dem Rathaus
wurde in den Jahren 1768 bis 1770
für die Gewandschneider der Stadt
errichtet. Deren altes Zunfthaus hatte im Siebenjährigen Krieg die preu-
ßische Artillerie zerstört, deshalb
wird der Neubau oft auch als Neues
Gewandhaus bezeichnet.
Nach der Zerstörung im Februar
1945 wurde das Haus als Hotel wieder
aufgebaut (▶ Radisson Blu Gewand-
haushotel, S. 14). Die Nordwestecke
des Bauwerks ziert seit den 1960er-

Jahren ein schöner Barockbrunnen; er stammt aus den Trümmern des im Zweiten Weltkrieg zerstörten Hauses von Hofjuwelier Johann Melchior Dinglinger. In der nahen Weißen Gasse plätschert heute der Gänsediebbrunnen (1876–1880), der früher auf dem Ferdinandplatz stand.
Altstadt • Gewandhausstr. • Straßenbahn oder Bus: Pirnaischer Platz

Gläserne Manufaktur

▶ S. 115, F 13

Der Volkswagenkonzern errichtete auf dem Gelände des ehemaligen Messezentrums eine innovative Produktionsstätte. Der erste Pkw rollte Ende 2001 vom Montageband. Die Manufaktur mit ihrer begehbaren Visionskugel ist längst ein touristisches Highlight der Stadt.
Großer Garten • Straßburger Platz • Straßenbahn: Straßburger Platz • www.glaesernemanufaktur.de • Führungen nach Voranmeldung ca. 14 Tage (max. 8 Wochen) im Voraus über Tel. 0 18 05/89 62 68 • Mo–Sa 9–17, Do bis 19 Uhr, So 10–17 Uhr • Ticket 5 €, Kinder 3 €

Goldener Reiter

▶ S. 109, E 3

Das Reiterstandbild von August dem Starken (1736) ist mit Blattgold belegt, was ihm den Namen Goldener Reiter einbrachte. Der kunstsinnige Kurfürst mit römischem Schuppenpanzer reitet auf kurbettierendem Pferd. Das Denkmal am Neustädter Markt überstand die Bombennacht des 13. Februar 1945, weil es vorsorglich einen Ziegelschutz erhalten hatte. Von der Bebauung des Neustädter Markts dagegen blieb 1945 nichts erhalten. Die beiden Eckbrunnen (1742) standen einst am im Zweiten Weltkrieg zerstörten Neu-

städter Rathaus. Auf der anderen Straßenseite steht das Blockhaus, das ab 1755 als Neustädter Wache diente.
Neustadt • Neustädter Markt • Straßenbahn: Neustädter Markt

Großer Garten 🕴🕴

▶ S. 116, A 18

Dresdens größte, schönste und älteste Parkanlage mit einem 34 km langen Wegenetz. Sollten nach vielem Sightseeing die Beine müde geworden sein, lädt die Parkeisenbahn zur 5,6 km langen Rundfahrt ein. Im Jahr 2000, im 50. Jahr ihres Bestehens, bekam sie am Straßburger Platz eine Wendeschleife und wurde in den Südbereich der Gläsernen Manufaktur von VW integriert. Der Große Garten bietet nicht nur Erholung, sondern auch Freizeitvergnügen. Auf dem Carolasee kann man Boot fahren, im Parktheater am Palaisteich finden vielfältige Aufführungen statt und in der Freilichtbühne Filmvorführungen und Konzerte. In der Parkmitte bekam das Palais seinen Platz, Sachsens frühester Barockbau, eine Mischung aus deutschem Lusthaus, italienischer Villa und französischem Schloss. Das Äußere des im Februar 1945 bombenzerstörten Bauwerks wurde wiederhergestellt, im Inneren dagegen wartet noch viel Arbeit auf die Handwerker.
Großer Garten • Zugänge über Lennéstr., Stübelallee, Karcherallee, Tiergartenstr. • Straßenbahn: Großer Garten, Bus: Comeniusplatz • www.grosser-garten-dresden.de

Hauptstraße

▶ S. 109, E 2

Verbindung zwischen dem Neustädter Markt und dem Albertplatz. Die Straße wurde in den 70er-Jahren des 20. Jh. zum reizvollen Fußgängerboulevard umgestaltet, mit

Platanen sowie Rasenflächen mit Statuen. Die beiden gusseisernen, 25 m hohen Fahnenmasten am Beginn der Straße entstanden 1882, als Vorbild dienten die Masten auf dem Markusplatz in Venedig. Die Bebauung der Straßenostseite erfolgte in einfallsloser DDR-Einheitsarchitektur, die Westseite säumen Bürgerhäuser, darunter das zum Museum gewordene **Kügelgenhaus** (Nr. 13), in dem der Maler Gerhard von Kügelgen (1772–1820) seinerzeit mit seiner Familie wohnte (▸ Museum der Dresdner Romantik, S. 71).

Im Hinterhof des Hauses Nr. 19 befindet sich das **Societaetstheater**, das 1779 das erste bürgerliche Theater Dresdens war. Die parallel zur Hauptstraße verlaufende Königstraße gilt – vor allem nach den umfangreichen Restaurierungsarbeiten der letzten Jahre – zusammen mit der Rähnitzgasse als eine der schönsten Barockstraßen Deutschlands.

Neustadt • Straßenbahn: Neustädter Markt oder Albertplatz

Hellerau ▸ S. 93, b 2

Deutschlands erste Gartenstadt. Doch der Name Hellerau ist fast jedem Ex-DDR-Bürger aus anderem Grund geläufig: Möbel aus Hellerau standen in Hunderttausenden von Wohnungen des dahingeschiedenen Staates. Kein Möbel verzeichnete jemals in Europa eine solche Variabilität und einen solchen Erfolg wie das zu DDR-Zeiten in Großfertigung hergestellte MDW-Programm (Montagemöbel der Deutschen Werkstätten).

Die Hellerauer Möbelwerkstätten errangen in der ersten Hälfte des 20. Jh. zahlreiche internationale Auszeichnungen. Auch heute belegen sie ihre Qualität mit der Ausführung repräsentativer Aufträge, so etwa mit der Ausstattung des neuen Sächsischen Landtags.

Die Arbeitnehmer von der Mietskaserne erlösen, wohnen und arbeiten, Kultur und Natur miteinander verbinden, das strebten die Hellerau-Gründer 1908 an. In der hügeli-

Wegzeiten (in Minuten) zwischen wichtigen Sehenswürdigkeiten

* mit öffentlichen Verkehrsmitteln

	Albertinum	Albertplatz	Blaues Wunder	Brühlsche Terrasse	Großer Garten	Hauptbahnhof	Hofkirche	Schloss Pillnitz	Semperoper	Zwinger
Albertinum	–	4*	25*	1	20	20	6	40*	7	8
Albertplatz	4*	–	15*	5*	10*	9*	20	35*	20	20
Blaues Wunder	25*	15*	–	30*	12*	20*	25*	15*	25*	25*
Brühlsche Terrasse	1	5*	30*	–	20	20	5	40*	6	7
Großer Garten	20	10*	12*	20	–	15	25	25*	25	25
Hauptbahnhof	20	9*	20*	20	15	–	25	40*	25	20
Hofkirche	6	20	30*	3	25	25	–	40*	1	2
Schloss Pillnitz	40*	35*	15*	40*	25*	40*	40*	–	40*	40*
Semperoper	7	20	25*	3	25	25	1	40*	–	1
Zwinger	8	20	30*	5	25	20	2	40	1	–

gen, waldreichen Gegend am Rande der Dresdner Heide, neben den Gebäuden der Möbelfabrik, ließen sie schlichte Kleinwohnhäuser errichten. Den geistigen und kulturellen Mittelpunkt bildete das Festspielhaus (1910–1912), das bis zu ihrem Abzug 1994 die östliche Siegermacht des Zweiten Weltkriegs nutzte. 2004 öffnete auf dem Festspielhausgelände das Europäische Zentrum der Künste.
Hellerau • Straßenbahn: Festspielhaus Hellerau • www.hellerau.org

Hofkirche
▶ Kathedrale St. Trinitatis, S. 57

Italienisches Dörfchen
▶ S. 109, D 3

Der Name dieses Restaurantkomplexes erinnert an die italienischen Bauarbeiter und Künstler, die die Hofkirche einst mit errichteten.

Das sandsteinverkleidete Bauwerk (1911–1913) entstand an der Stelle, an der sich früher die Wohnbaracken der Italiener befanden. Das im Zweiten Weltkrieg zerstörte klassizistische Gebäude wurde 1956 bis 1957 wieder aufgebaut, doch erst bei der 1994 vollendeten Restaurierung bekamen die Räume ihre historische Ausmalung zurück.
Altstadt • Theaterplatz • Straßenbahn: Theaterplatz

Jägerhof
▶ S. 109, E 3

Vom Jägerhof, einem der wenigen noch vorhandenen Gebäude aus der Renaissancezeit, blieb der älteste Flügel (1617) erhalten. Das Bauwerk diente der kurfürstlichen Jagd und später als Kavalleriekaserne, 1897 zog das **Museum für Sächsische Volkskunst** (▶ S. 75) ein.
Der Chronist Iccander pries im 19. Jh. »das große und trefflich aus-

Der Dresdner Kreuzchor, einer der ältesten Knabenchöre der Welt, veranstaltet jeden Samstagabend Vespern (▶ MERIAN-Tipp, S. 59) in der Kreuzkirche.

möblierte Jägerhaus« als eines der »Sieben Wunder Dresdens«. Die anderen »Wunder« waren: Augustusbrücke, Zwinger, Zeughaus (Albertinum), Stallhof, Japanisches Palais, Kunstkammer (mit Gemäldegalerie und Grünes Gewölbe).

Neustadt • Köpckestr. 1 • Straßenbahn: Carolaplatz

Japanisches Palais ▶ S. 109, D 2

Den Vierflügelbau im spätbarockklassizistischen Stil, eine der Sehenswürdigkeiten der Neustadt, hatte August der Starke als »Porzellanschloss« vorgesehen. Mit den Schätzen in dem sandsteinverkleideten Bauwerk wollte er Macht und Reichtum demonstrieren, doch wie so oft konnte er seine Pläne aus Geldmangel nicht verwirklichen. Das 1945 ausgebrannte Palais nahm nach der Wiederherstellung das **Landesmuseum für Vorgeschichte**, das **Museum für Völkerkunde** und vor einiger Zeit die **Senckenberg Naturhistorischen Sammlungen Dresden** (www.snsd. de) auf, die in wechselnden Ausstellungen Einblick in seine Sammlungen geben.

Im barocken Palaisgarten steht auf der Elbseite das Denkmal (1843) für König Friedrich August I. Am Elbufer befindet sich der Glockenspielpavillon (1936), der nach seiner Kriegszerstörung 1990 bis 1992 wieder aufgebaut wurde und in dem alle 15 Minuten 25 Glocken erklingen.

Neustadt • Palaisplatz • Straßenbahn: Neustädter Markt

Johanneum ▶ S. 109, D 4

In dem prachtvollen Renaissancebauwerk (1586–1590) standen einst die Pferde und Kutschen der Kurfürsten. Mehrere Umbauten haben das Stallgebäude, das einige Zeit auch die Bildergalerie und später das Historische Museum beherbergte, stark verändert. Seit 1954 hat im Johanneum das **Verkehrsmuseum** (▶ S. 77) sein Domizil. An der Westseite bekam das Portal der evangelischen Schlosskapelle, wegen seines Prunks **Schöne Pforte** oder **Goldenes Tor** genannt (um 1555), vorübergehend Platz. Der Türkenbrunnen vor dem Johanneum wurde nach dem Dreißigjährigen Krieg auf dem Neumarkt als Friedensbrunnen aufgestellt. Nach der siegreichen Rückkehr von Kurfürst Johann Georg III. 1683 aus dem Türkenkrieg wurde die bekrönende Friedensgöttin Irene durch die Siegesgöttin Viktoria ersetzt, und aus dem Friedensbrunnen wurde so der Türkenbrunnen.

Altstadt • Neumarkt • Straßenbahn: Altmarkt

Kathedrale St. Trinitatis 3
▶ S. 109, D 3

Mit 4793 qm Grundfläche ist die ehemalige katholische Hofkirche (1738– 1754) mit der Grablege der Wettiner Sachsens größter Kirchenbau. Die heutige Kathedrale des Bistums Dresden-Meißen, ein Werk des Italieners Gaetano Chiaveri, gilt als letzte große Leistung des römischen Barock.

Das komplett aus Sandstein errichtete Bauwerk schmücken in den Außennischen und auf den Balustraden 78 fast 3,50 m hohe Heiligenfiguren. Im Inneren besitzt die dreischiffige Basilika mit dem 3,5 m breiten Prozessionsgang um das Mittelschiff eine Besonderheit, denn im evangelischen Dresden sollten keine katholischen Prozessionen im Freien stattfinden. Zur eigentlich schlichten

Ausstattung gehören bedeutende Kunstwerke, so das 9,30 m hohe und 4,20 m breite Altarbild Christi Himmelfahrt (1752–1765) mit dem eine Tonne schweren geschnitzten Rahmen, der prachtvolle holzgeschnitzte Kanzelkorb (1712–1722) von Balthasar Permoser sowie die Orgel (1755), das letzte und größte Werk des berühmten sächsischen Orgelbauers Gottfried Silbermann.

In den nur mit Führungen zugänglichen Grufträumen ruhen hinter 5,20 m starken Mauern in 49 Sarkophagen katholische Kurfürsten und Könige Sachsens und deren Angehörige. In einer Kapsel wird das Herz von August dem Starken aufbewahrt, sein Leib ruht im Dom zu Kraków (Krakau), der Grablege der polnischen Könige.

Altstadt • Theaterplatz/Sophienstr. • Straßenbahn: Theaterplatz • www. kathedrale-dresden.de • Mo, Di 9–18, Mi, Do 9–17, Fr 13–17, Sa 10–17, So 12–16 Uhr • Spenden erbeten

Kreuzkirche ▸ S. 109, D 4

3600 Plätze bietet die Kirche, die damit zu Deutschlands größten evangelischen Gotteshäusern gehört. Bereits im 13. Jh. wurde die Kreuzkirche erstmals genannt, doch mit ihrer klassizistisch geprägten Fassade, wie sie sich heute darstellt, entstand sie erst 1764 bis 1792. Das Innere der im Februar 1945 völlig ausgebrannten Kirche wurde Anfang der 50er-Jahre des 20. Jh. zunächst provisorisch mit hellem Rauputz versehen. Später entschloss man sich, es bei dieser Schmucklosigkeit zu belassen, um damit stets an die Grausamkeiten des Krieges zu erinnern. Das Altarbild »Kreuzigung« (1900) überstand die Feuersbrunst, ist aber seitdem vom

Ruß geschwärzt. In der **Heinrich-Schütz-Kapelle** nahe dem Haupteingang befindet sich ein Nagelkreuz, das 1986 als Versöhnungsgeschenk der Kathedrale zu Coventry nach Dresden kam. Nationalsozialistische Bombenflugzeuge hatten die englische Stadt 1940 zerstört.

Vom 92 m hohen Turm der Kirche, der 1788 vollendet wurde, bietet sich ein weiter Rundblick bis ins Elbsandsteingebirge und das Erzgebirgsvorland.

Altstadt • Altmarkt • Straßenbahn: Altmarkt • www.dresdner-kreuzkirche. de • Mo–Sa 10–18, So 12–18 Uhr • Turmbesteigung 3 €, Kinder 1 €

Kunstakademie/Ausstellungsgebäude ▸ S. 109, E 4

Die beiden formenreichen Bauten, entstanden zwischen 1887 und 1895, sind typische Beispiele des Historismus. Der seinerzeit sehr umstrittene monumentale Gebäudekomplex sollte die Rolle Dresdens als Kunst- und Kulturstadt hervorheben. Die namhaftesten Bildhauer der Stadt waren an der Gestaltung des üppigen Fassadenschmucks beteiligt. Der vierflügeligen Kunstakademie ist im spitzen Winkel das Ausstellungsgebäude des Kunstvereins angefügt. Beide verbindet eine Glaskuppel, die im Volksmund Zitronenpresse genannt wird. Sie bekrönt seit 1891 eine vergoldete geflügelte Plastik mit einem Gewicht von 1,7 t, vielfach als Nike, die Siegesgöttin, bezeichnet. Doch ihr Schöpfer, der Bildhauer Robert Henze, wollte Fama darstellen, in der römischen Dichtung die Personifikation des Gerüchts.

Altstadt • Brühlsche Terrasse • Straßenbahn: Synagoge, Bus: Pirnaischer Platz

Neues Rathaus   ▶ S. 109, D/E 4

Das gewaltige sandsteinverkleidete Neue Rathaus (1905–1910) ist durch den achteckigen, genau 100 m hohen Turm weithin zu sehen, von dessen Aussichtsplattform in 68 m Höhe sich ein prachtvoller Blick bietet (Eingang Kreuzstraße; April–Okt tgl. 10–18 Uhr, Eintritt 3 €, Kinder 1,70 €).
Bekrönt wird der Turm von der 5,60 m hohen Figur des »Goldenen Mannes«. Der Durchmesser des Ziffernblattes der Turmuhr beträgt 4 m, der Minutenzeiger misst beachtliche 2 m. Der unregelmäßige vier- bis fünfgeschossige Gebäudekomplex mit fünf Innenhöfen besitzt einen Gesamtumfang von 467 m, wer alle Korridore entlanglaufen möchte, hat fast 3 km zurückzulegen. Der Wiederaufbau des Neorenaissancebauwerkes kam teilweise einem Neubau gleich.
Altstadt • Dr. Külz-Ring/Rathausplatz • Straßenbahn: Altmarkt • Rathausturm: Eingang Kreuzstraße • April–Okt. tgl. 10–18 Uhr

Neues Ständehaus   ▶ S. 109, D 3

Aus Gewohnheit sagen die Dresdner oft noch Landtagsgebäude (1900–1906) zu dem Neorenaissancebauwerk an der Freitreppe zur Brühlschen Terrasse. Doch das ist es bereits seit Jahrzehnten nicht mehr. Am 14. Oktober 1907 tagte der Sächsische Landtag zum ersten Mal in dem Vierflügelbau, der im Februar 1945 fast völlig ausbrannte. Nach umfangreichen Umbauten zog 2001 das Oberlandesgericht in das Bauwerk. An der Stelle des im Zweiten Weltkriegs zerstörten großen Plenarsaals entstand als eine Art Haus im Haus der Gerichtskubus.

MERIAN-Tipp   **8**

KREUZCHOR-VESPERN
▶ S. 109, D 4

Einen musikalischen Hochgenuss hält Dresden am Samstag bereit: Vespern des berühmten Kreuzchores. Der Knabenchor, einer der ältesten der Welt, ist bereits in Chroniken des 14. Jh. verzeichnet. In seinem Mittelpunkt steht die Pflege der geistlichen und weltlichen A-cappella-Musik. Zu den musikalischen Freuden gehören die gemeinsamen Konzerte des Kreuzchores mit der Dresdner Philharmonie oder der Sächsischen Staatskapelle Dresden. Im Chor singen etwa 150 Kruzianer, sie haben ein Alter von 9 bis 19 Jahren und die Stimmlagen Sopran, Alt, Tenor und Bass. Die Chormitglieder wohnen im Alumnat, dem Internat des Kreuzchores.
Altstadt • Kreuzkirche • www.kreuzchor.de • Sa 17 Uhr (außer in den sächsischen Sommerferien)

Altstadt • Brühlsche Terrasse/Schlossplatz • Straßenbahn: Theaterplatz

Neumarkt   ▶ S. 109, D/E 4

Durch seine kunst- und kulturgeschichtlich wertvollen Barockbauten war der Neumarkt bis zur Zerstörung am Ende des Zweiten Weltkriegs von internationaler Bedeutung. Der Wiederaufbau begann erst mit der Rekonstruktion der Frauenkirche, nach der Einheit. Inzwischen sind auf dem historischen Stadtgrundriss zahlreiche Bauwerke wieder entstanden, sodass der Platz schon viel von seiner alten Schönheit zurückerhalten hat.

Altstadt • Straßenbahn: Altmarkt oder Theaterplatz

Palais Brühl-Marcolini

▶ S. 108, A/B 2

Das Palais wurde bereits 1845 zu einem Krankenhaus umgebaut. Die ursprüngliche barocke Dreiflügelanlage erfuhr in der folgenden Zeit zahlreiche Um- und Neubauten. Im 200 m langen Palais wohnte 1813 Kaiser Napoleon zwischen seinen Kriegszügen nach Böhmen und Schlesien. Innerhalb des Geländes, an der südlichen Umfassungsmauer, befindet sich der monumentale, vielfigurige **Neptunbrunnen** (1744), der zu den schönsten Barockbrunnen Dresdens gehört. Die 1945 ausgebrannte **Matthäuskirche** (1728–1730) bekam bei der Wiederherstellung eine moderne Innenausstattung. Auf dem **Inneren Matthäusfriedhof** hinter der Kirche liegt u. a. der Schöpfer des Fürstenzuges, Wilhelm Walther, begraben.

Friedrichstadt • Friedrichstr. • Straßenbahn: Waltherstr., Bus: Friedrichstadt

Panometer 👤👶

▶ S. 117, E 20

Ein 360-Grad-Gemälde führt im ehemaligen Gasspeicher in Dresden-Reick in das prächtige Rom im Jahr 312 n. Chr. Diese faszinierende visuelle Zeitreise ist bis Ende August 2012 zu erleben, danach kehrt »1756 Dresden« überarbeitet und ergänzt wieder zurück. Von der 12 m hohen Aussichtsplattform schauen die Besucher wie vom Turm der Katholischen Hofkirche auf das barocke Dresden, wie es Mitte des 18. Jh. ausgesehen haben könnte. Die Bauwerke wie Schloss

und Kreuzkirche sind eingebettet in die Elblandschaft. Die 106 m langen und 27 m hohen Panoramagemälde im Maßstab 1:1 von Yadegar Asisi faszinieren durch ihre ungewöhnliche Detailtreue.

Reick • Gasanstaltstr. 8 b • Straßenbahn: Liebstädter Straße, S-Bahn: Bahnhof Reick • www.asisi.de • April–Okt. Di–Fr 10–18, Sa, So 10–19, Nov.–März Di–Fr 10–17, Sa, So 10–18 Uhr • Eintritt 10 €, Kinder 5 €

Prager Straße

▶ S. 115, D 13

Wer Bilder von der Prager Straße vor dem Zweiten Weltkrieg sieht, wird sie nicht wieder erkennen: Die enge, oft nur 14 m breite Straßenschlucht ging im Bombenhagel 1945 unter, entstanden ist ab 1965 eine breite Fußgängerpromenade mit vier Hotels, Kino, Warenhäusern sowie Freiflächen. Eines aber ist die Prager Straße bis heute geblieben, eine bei den Dresdnern beliebte Flaniermeile. Die Prager Straße endet am **Wiener Platz** mit dem 1898 eröffneten **Hauptbahnhof**.

Altstadt • Straßenbahn: Prager Str.

Raddampferflotte 🔶4 👤👶

▶ S. 109, E 3

Neun stilecht restaurierte Schiffe mit roten Schaufelrädern im wappenverzierten Radkasten gehören zur größten und ältesten Raddampferflotte der Welt. Das älteste Schiff der Flotte ist die »Stadt Wehlen«, die im Jahr 1879 vom Stapel lief. Die beiden großen, komfortablen Salonschiffe »Gräfin Cosel« und »August der Starke« haben erst 1994 die Werft verlassen. Wie Ende des 19. Jh. zuckeln die Schiffe elbaufwärts in die Sächsische Schweiz oder elbabwärts entlang der Sächsischen Weinstraße über Meißen bis nach Diesbar-Seußlitz.

Schiffspartie mit dem Raddampfer (▶ S. 60). Eine Stadtrundfahrt zu Wasser ist an heißen Sommertagen eine entspannende und kühle Möglichkeit.

Altstadt • Terrassenufer unterhalb der Brühlschen Terrasse • Straßenbahn: Theaterplatz • Auskunft: Tel. 86 60 90 • www.saechsische-dampfschiffahrt.de

Residenzschloss   ▶ S. 109, D 4

Das monumentale Bauwerk, einst Sitz der sächsischen Kurfürsten und Könige, entsteht nach der Kriegszerstörung 1945 gegenwärtig wieder. Bis 2013 sollen die Arbeiten abgeschlossen sein, und das Schloss soll in neuer Pracht erstrahlen. Die Gesamtkosten dafür werden auf 337 Millionen Euro geschätzt. Das Schloss wird das Zentrum der **Staatlichen Kunstsammlungen** (▶ S. 72) bilden und somit eines der bedeutendsten Kunst- und Kulturzentren Europas werden. Das Grüne Gewölbe (▶ S. 73), das Kupferstichkabinett, das Münzkabinett, die Fürstengalerie mit den Bildern der einst im Schloss residierenden Kurfürsten und Könige sowie die Türckische Cammer (▶ S. 76) sind schon eingezogen. Bis 2013 wird die Rüstkammer aus dem Semperbau des Zwingers folgen. Wiederhergestellt ist der 100 m hohe Hausmannsturm (1674–1676). Von dem nordwestlichen Eckturm des Schlosses reicht der Blick weit über die Stadt in die Umgebung. Doch vorher sind 222 Stufen bis zur Aussichtsplattform hochzusteigen (April–Okt. Mi–Mo 10–18 Uhr).

Sachsens historisch vielfältigstes und reichstes Baudenkmal ist das Werk namhafter Baumeister, die es vom 12. bis zum Ende des 19. Jh. geschaffen haben. Das typische Erscheinungsbild der Neorenaissance bekam das Schloss, dessen Gebäude sich um drei Innenhöfe gruppieren, bei einer umfassenden Erneuerung 1889 bis 1901, der Südflügel wurde seinerzeit völlig neu errichtet.

Der Wiederaufbau gab dem Schloss nicht das Aussehen zurück, das es vor der Zerstörung 1945 hatte. Man wählte für bestimmte Zeitepochen typische Grundrisse und Fassadengestaltungen aus. So erhielten die Fassaden und Giebel im Großen Schlosshof das Aussehen von 1557, die Straßenfassaden zeigen sich wie nach dem letzten Umbau 1889 bis 1901.

Altstadt • Schlossplatz/Sophienstr. • Straßenbahn: Altmarkt oder Theaterplatz

Russisch-Orthodoxe Kirche
▶ S. 114, C 15

Die sechs Zwiebeltürme mit Kreuzen obenauf bieten einen märchenhaften Anblick. Ungewöhnlich in Mitteleuropa ist auch der Name: Heiliger Simeon vom wunderbaren Berge. Den bekam die Kirche im Jahr 1874 von Fürst Simeon Wikulin, dem russischen Gesandten am sächsischen Königshof.

Südvorstadt • Fritz-Löffler-Str. 19 • Straßenbahn oder Bus: Reichenbachstr.

Sächsische Landesbibliothek – Staats- und Universitätsbibliothek (SLUB)
▶ S. 115, D 16

Die 1556 angelegte Privatbibliothek von Kurfürst August von Sachsen bildete den Grundstock, später kamen noch die Bibliotheken der Grafen Brühl und Bünau dazu. Bereits 1788 wurde die Bibliothek, seinerzeit eine der größten in Deutschland, öffentlich zugänglich gemacht. Im Zweiten Weltkrieg verlor sie ihre Räumlichkeiten im Japanischen Palais und einen Großteil des Buchbestandes. Nach jahrzehntelangem Provisorium bezog die Bibliothek 2002 einen 92 Mio. Euro teuren Neubau.

Mit mehr als 7 Mio. Medien, darunter 4,3 Mio. Bücher und Zeitschriften, zählt die Einrichtung zu den bedeutendsten wissenschaftlichen Allgemeinbibliotheken Deutschlands. Zu ihr gehören das **Buchmuseum** (▶ S. 69), die **Phonothek** mit über 120 000 Tonträgern und die **Deutsche Fotothek** mit etwa 500 000 Großformat- und 600 000 Kleinbildnegativen in ihrer Bilddatenbank.

Südvorstadt • Zellescher Weg 18 • Bus: Staats- und Universitätsbibliothek • www.slub-dresden.de

Sächsischer Landtag
▶ S. 108, C/D 3

1994 konnten sich Sachsens Parlamentarier erstmals in ihrem neuen modernen Plenarsaal versammeln. Der aus Dresden stammende Architekt Peter Kulka hatte den Entwurf für das transparente Gebäude am Elbufer geliefert, das bis heute viel Beifall findet. Das 1990 erstmals nach vier Jahrzehnten wiedergewählte Landesparlament musste vorübergehend in der **Dreikönigskirche** tagen, weil das alte Landtagsgebäude an der Brühlschen Terrasse nicht mehr den heutigen Ansprüchen eines modernen Parlaments entspricht.

Hinter dem neuen Landtagsgebäude zieht der **Erlweinspeicher** den Blick auf sich. Stadtbaurat Hans Erlwein, nach dem das Bauwerk benannt ist, errichtete ihn 1912 als eine der ersten selbsttragenden Stahlbaukonstruktionen Europas. Der 40 m hohe und 70 m lange ehemalige Tabak- und Baumwollspeicher, der die Altstadtsilhouette mitprägt, wurde zu einem modernen Kongresshotel umgebaut.
Altstadt • Neue Terrasse • Straßenbahn: Theaterplatz

wie das Bergpalais (beide Kunstgewerbemuseum), die zu den größten Chinoiseriebauten der Welt zählen. Das Neue Palais (heute Schlossmuseum) mit dem Uhrtürmchen konnte 1822 bezogen werden. Der barocke Lustgarten zwischen den drei Palais wurde Ende des 18. Jh. um einen Englischen Garten erweitert. Hinter Pillnitz erstrecken sich die Weinberge nach oben, und mittendrin steht die zauberhafte **Weinbergkirche** (1723–1725).
Pillnitz • Straßenbahn: Kleinzschachwitz, dann Fähre oder Bus: Pillnitzer Platz • www.schlosspillnitz.de • Eintritt in Park 2 €

Schauspielhaus ▶ S. 108, C 4

Seit 1995 erstrahlt der Zuschauerraum wieder in seiner originalen festlichen Jugendstil-Schönheit. Nach dem Bombenangriff 1945 war er vorerst in vereinfachten Formen wiederhergestellt worden. Das Schauspielhaus galt bei der Fertigstellung 1913 als Europas modernste Sprechbühne. Führung durch Saal und Theatermaschinerie.
Altstadt • Theaterstr. 2 • Straßenbahn oder Bus: Postplatz • www.staats schauspiel-dresden.de

Schloss und Park Pillnitz 5
▶ S. 87, S. 93, c 3

Die einstige Sommerresidenz des Dresdner Hofes gehört zu den wichtigsten Besichtigungspunkten der Stadt. August der Starke kam seinerzeit oft mit Gondeln auf der Elbe angereist, die heutigen Gäste lassen sich auf dem Fluss mit Schaufelraddampfern nach Pillnitz tragen. Die Anlage entstand zu verschiedenen Zeiten. Älteste Bauwerke, herrlich in die Landschaft eingefügt, sind das Wasser- so-

Sekundogenitur ▶ S. 109, E 3

Der lateinische Name stammt aus der Zeit, als das Bauwerk dem zweitgeborenen Prinzen gehörte, dem die Königliche Graphiksammlung übertragen war und der sie darin aufbewahrte. Einst war das Gebäude die Bibliothek des Grafen Brühl, sein heutiges Aussehen bekam es ab 1896. Eine Verbindungsbrücke bezieht die Sekundogenitur in den Komplex des Hotels Hilton Dresden ein.
Altstadt • Brühlsche Terrasse • Straßenbahn: Theaterplatz

Semperoper (Sächsische Staatsoper) 6 ▶ S. 109, D 3

Das Opernhaus gehört zu den schönsten Musiktheatern Europas und zählt zu den Höhepunkten eines Dresdenbesuchs. Allgemein wird die Sächsische Staatsoper nach ihrem Baumeister nur Semperoper genannt. Das heutige Gebäude ist die dritte Oper des Architektengenies Gottfried Semper an dieser Stelle: Die erste schuf er von 1828 bis 1841, nach einem Brand entstand die Oper

Dresdens moderne kubusförmige Synagoge (▶ S. 65) wurde 1996 an selber Stelle errichtet, an der das vorherige jüdische Bethaus im Jahr 1938 zerstört wurde.

1871 bis 1878 zum zweiten Mal, am 13. Februar 1985, genau 40 Jahre nach ihrer Zerstörung im Zweiten Weltkrieg, wurde sie mit Webers »Freischütz« wiedereröffnet.

Die Rekonstruktion nach den Zerstörungen des Krieges stellte den Originalzustand des zweiten Semperbaus mit der kolossalen Fassade, im Stil der italienischen Hochrenaissance, wieder her. Der Zuschauerraum bekam seine kostbare Ausstattung zurück, auch das reiche Dekor entstand originalgetreu, die Akustik gilt als exzellent.

Altstadt • Theaterplatz • Straßenbahn: Theaterplatz • Tel. 7 96 63 05 • Führungstermine unter www.semperoper-erleben.de • Eintritt 4 €, Kinder 4 €

Stallhof und Langer Gang

▶ S. 109, D 4

Der Stallhof sah prunkvolle Turniere und Hetzjagden, er gilt als der älteste original erhaltene Platz dieser Art auf der Welt. Die beiden bronzenen Ringelstechsäulen aus dem Jahr 1601 sowie die Pferdeschwemme sind Originale. Begrenzt wird der Stallhof zur Augustusstraße vom **Langen Gang** (1586–1588), der das Johanneum mit dem Georgenbau des Residenzschlosses verbindet. Die offene Bogenhalle des lang gestreckten Bauwerks wird von 20 toskanischen Säulen getragen. Die Wappen zwischen den Säulen zeigen die damaligen wettinischen Landesteile.

Altstadt • Augustusstr. • Straßenbahn: Theaterplatz oder Altmarkt

Standseilbahn 🏃🏃

▶ S. 112, C 11

1895 wurde die Standseilbahn in Betrieb genommen. Die Bewohner der heute längst zu Dresdner Stadtteilen gewordenen Dörfer Weißer Hirsch und Bühlau waren zufrieden: Der Höhenunterschied von 94 m zum

Loschwitzer Tal brachte sie nicht mehr ins Schwitzen. Die Strecke ist 547 m lang, die maximale Geschwindigkeit beträgt 5 m/Sek.

Loschwitz • Talstation: Körnerplatz, Bergstation: Bergbahnstr. • Straßenbahn: Schillerplatz, Bus: Körnerplatz • www.dvb.de

Synagoge   ▸ S. 109, E 4

63 Jahre nach ihrer Zerstörung durch die Nationalsozialisten hat Dresden wieder eine Synagoge bekommen. Sie entstand 2001 an gleicher Stelle, wo das von Gottfried Semper erbaute Gotteshaus der Dresdner Juden in Flammen aufging. Der Davidsstern, der original erhalten geblieben ist, erinnert über dem Eingang des neuen Gebetshauses an die zerstörte Synagoge.

Altstadt • Rathenauplatz • Straßenbahn: Synagoge, Bus: Pirnaischer Platz • Termine für Führungen (So–Do) über www.hatikva.de • Preis 4 €, Kinder 2,50 €

Taschenbergpalais   ▸ S. 109, D 4

August der Starke ließ für seine Mätresse, die Reichsgräfin von Cosel, zwischen Zwinger und Residenzschloss das Taschenbergpalais (um das Jahr 1705) erbauen. Der West- und der Ostflügel des prachtvollen Gebäudes kamen einige Jahre später hinzu, als die jeweiligen Kurprinzen für sich und ihre Familien Wohnungen benötigten. Die Bombennacht im Februar 1945 verwandelte das Palais dann in eine Ruine. Nach der Rekonstruktion wurde es zum Kempinski-Luxushotel umfunktioniert, in dem 1995 die ersten Gäste logierten. Der neogotische Cholerabrunnen (1843–1846) vor dem Westflügel wurde aus Dank dafür gestiftet,

dass Dresden von der um 1840 in Europa herrschenden Cholera-Epidemie verschont blieb.

Altstadt • Am Taschenberg/Sophienstr. • Straßenbahn oder Bus: Postplatz, Bus: Theaterplatz

Technische Universität
▸ S. 114, C 16

Der 40 m hohe, silbern glänzende Beyerbau mit Turmkuppel am Fritz-Foerster-Platz wurde zum Wahrzeichen des Universitätsareals. Die meisten Instituts- und Lehrgebäude tragen die Namen bedeutender Wissenschaftler. Im ehemaligen Landgericht am Münchner Platz, dem heutigen zur Universität gehörenden Georg-Schumann-Bau, richteten die Nationalsozialisten mehr als 1000 Menschen hin. Die Mahn- und Gedenkstätte sowie die Bronzegruppe »Widerstandskämpfer« von Arndt Wittig hält die Erinnerung an diese Menschen wach.

Südvorstadt • Münchner Str./Bergstr./Nöthnitzer Str. • Bus: Technische Universität

Theaterplatz   ▸ S. 109, D 3

Zweifellos einer der schönsten Plätze Europas. Umrahmt wird er von **Semperoper, Gemäldegalerie Alte Meister, Residenzschloss, Hofkirche, Italienisches Dörfchen** sowie der **Altstädter Wache** (1830–1832), die Preußens großer Baumeister Karl Friedrich Schinkel im Stil des Klassizismus geschaffen hat. Das Bauwerk hat eine frappierende Ähnlichkeit mit Schinkels Neuer Wache in Berlin Unter den Linden. Das in der Mitte des Platzes stehende Denkmal (1889) zeigt König Johann, der den Wissenschaften sehr zugetan war. Johann, der 1854 König geworden

war, gehörte rund 30 europäischen wissenschaftlichen Gesellschaften an. Zwischen Oper und Gemäldegalerie steht die überlebensgroße Statue von Carl Maria von Weber, die Ernst Rietschel um 1855 geschaffen hat. Weber war von 1816 an zehn Jahre Musikdirektor der neu gegründeten Deutschen Oper in Dresden.
Altstadt • Straßenbahn: Theaterplatz

World Trade Center   ▶ S. 108, B 4

Das moderne Bauwerk (1993–1996) symbolisiert das wirtschaftlich aufstrebende Dresden. Das World Trade Center soll zur Drehscheibe der Wirtschaftsströme zwischen West und Ost werden. Das größte und architektonisch markanteste Gebäude Dresdens der Neuzeit mit einem 60 m hohen Turm bietet ferner eine 120 m lange, glasüberdachte Einkaufsmeile, Hotel, Restaurants, Theater und vieles mehr.
Altstadt • Freiberger-, Ammon-, Materni- und Rosenstr. • Straßenbahn: Freiberger Str.

Yenidze   ▶ S. 108, C 3

Ein Kuriosum und eines der eigenwilligsten Wahrzeichen der Stadt: Da es entsprechend den Bauvorschriften zu Beginn des 20. Jh. verboten war, im Zentrum der Stadt Industrieanlagen mit hohen Schornsteinen zu errichten, ließ der Zigarettenfabrikant Zietz seinem Fabrikneubau (1909–1912) kurzerhand die Gestalt einer Moschee und dem Schornstein die eines Minaretts geben. Der Architekt Adolph Hammitzsch orientierte sich bei seinem Entwurf an den Kalifengräbern von Kairo. Die verglaste Kuppel der einstigen Zigarettenfabrik Yenidze in Friedrichstadt, benannt nach einem kleinen osmanischen Tabakanbaugebiet, leuchtet vielfarbig.

Altstadt • Weißeritzstr./Magdeburger Str. • Straßenbahn oder Bus: Bahnhof Mitte

Zoologischer Garten 👫   ▶ S. 115, F 14

Am 9. Mai 1861 öffneten sich erstmals die Tore des berühmten Dresdner Zoos, der somit der älteste im Osten Deutschlands ist. Das Gelände im südlichen Teil des Großen Gartens (▶ S. 54, 85) beherbergt zahlreiche Tierhäuser, u. a. das Afrikahaus. Der heute fast legendäre Ruhm als Zuchtstätte für Menschenaffen begann 1873, als eine Schimpansendame erworben werden konnte. Auf 13 ha tummeln sich rund 2500 Tiere von über 400 Arten.
Großer Garten • Tiergartenstr. 1 • Straßenbahn oder Bus: Zoo • www. zoo-dresden.de • Sommer tgl. 8.30–18.30, Winter 8.30–16.30 Uhr • Eintritt 10 €, Kinder 4 €

Zwinger 🟊 7   ▶ S. 109, D 4

Das Meisterwerk barocker deutscher Baukunst, oft als »Traum aus Sandstein« bezeichnet, gehört zu den berühmtesten Bauwerken Europas. Matthäus Daniel Pöppelmann hat die Anlage geschaffen (1709–1732), die Fülle an plastischem Schmuck stammt von Balthasar Permoser. Der Name Zwinger kommt aus der Festungsbaukunst im späten Mittelalter; so wurde der Freiraum zwischen der äußeren und der inneren Wehrmauer bezeichnet.
Einen der architektonischen Höhepunkte bildet wegen seiner Heiterkeit und Leichtigkeit der **Wallpavillon** – der wohl vollkommenste Teil des Zwingers – mit der Figur des Herkules als Bekrönung. Er gilt als eines der Spitzenwerke europäischer

Barockarchitektur. Der **Glocken-spielpavillon** auf der Südseite stellt die spiegelgleiche Wiederholung dieses Bauwerks dar. Lange Zeit hieß er schlicht Stadtpavillon, bis im Jahr 1930 das Glockenspiel mit heute 24 programmierten Melodien eingebaut wurde. Das **Kronentor** schmückt die von vier vergoldeten Adlern getragene Krone, welche die polnische Königswürde von August dem Starken symbolisiert.

Eine märchenhafte Anlage hinter dem **Französischen Pavillon** ist das **Nymphenbad** mit seinen verspielten Wasserkünsten. Seinen Namen bekam es von den Wasserspielen und in Nischen stehenden Nymphen.

Der Innenhof des Zwingers, den heute Brunnen beleben, misst 116 x 204 m. Zwischen den beiden Hauptpavillons und den Eckpavillons erstreckten sich Bogengalerien, die für die Orangenbäume von August II. bestimmt waren (Innenhof des Zwingers tgl. 5–22 Uhr).

Der zur Elbe hin offen gebliebene Teil des Zwingers wurde erst mehr als 100 Jahre später durch das von Gottfried Semper erbaute Neorenaissancegebäude geschlossen, das die **Gemäldegalerie Alte Meister** (▸ S. 72) und die **Rüstkammer** beherbergt. Im Zwinger haben außerdem die **Porzellansammlung** sowie der **Mathematisch-Physikalische Salon** (alle ▸ S. 75) ihr Domizil.

Altstadt • Theaterplatz/Sophienstr./ Ostra-Allee • Straßenbahn oder Bus: Postplatz, Straßenbahn: Theaterplatz

Museen und Galerien
Dresden hat Museen von Weltgeltung, die Kostbarkeiten von unermesslichen Werten aufbewahren, zusammengetragen von kunstsinnigen Kurfürsten und Königen.

◄ Die Porzellanmanufaktur Meissen beherbergt ein Museum (▶ MERIAN-Tipp, S. 72) mit rund 3000 Exponaten.

Nach Dresden reist man, um in der **Gemäldegalerie Alte Meister** zu bewundern, was die Großen der vergangenen Jahrhunderte mit Farbe und Pinsel auf die Leinwand brachten. Raffaels »Sixtinische Madonna«, Rembrandts »Selbstbildnis mit Saskia«, Giorgiones »Schlummernde Venus«, Tizians »Zinsgroschen«, Pinturicchios »Bildnis eines Knaben« und Jean Étienne Liotards »Schokoladenmädchen« genießen Weltruhm.

Kostbare Schätze

Nach Dresden reist man aber auch, um sich im **Grünen Gewölbe**, Europas größter, reichster und ältester Schatzkammer im Residenzschloss, vom Glitzern und Funkeln betören zu lassen, das Tausende von Edelsteine in das Halbdunkel der Räume schicken. Das Neue Grüne Gewölbe birgt Meisterleistungen des Kunsthandwerks, darunter den in sieben Jahren entstandenen Tischaufsatz »Hofstaat von Delhi am Geburtstag des Großmoguls Aureng-Zeb«, der als Hauptwerk der europäischen Juwelierkunst des Barock gilt. Johann Melchior Dinglinger, der Hofgoldschmied von August dem Starken, hat mehr als 3000 Diamanten, Smaragde, Rubine und Perlen verarbeitet sowie 137 Figuren aus Gold gießen und farbig emaillieren lassen. Den Höhepunkt der rund 30 Dresdner Museen bildet aber das Historische Grüne Gewölbe, das sich den Besuchern wieder so zeigt, wie es einst von August dem Starken eingerichtet worden war.

MERIAN-Tipp **9**

SCHÄTZE IM BUCHMUSEUM
▶ S. 115, D 16

Nur vier Handschriften der Mayas, der Ureinwohner Mittelamerikas, sollen in der Welt noch vorhanden sein. Die am besten erhaltene ist in Dresden zu bewundern. Die im 13. Jh. entstandene Schrift besteht aus 39 doppelseitig beschriebenen Blättern mit einer Länge von 3,56 m. Von den etwa 750 Zeichen konnten bislang außer den Zahlen, den Zeichen für Zeitangaben und den Namen für die Götter nur wenige entziffert werden. Zu den Schätzen, die im besonders gesicherten Zimelienzimmer des Buchmuseums aufbewahrt werden, gehören neben der Mayahandschrift autographe Partituren von Carl Maria von Weber, Robert Schumann und Richard Wagner sowie ein Skizzenbuch Dürers.
Südvorstadt-Ost • Zellescher Weg 18 • Straßenbahn: Zellescher Weg, Bus: Staats- und Universitätsbibliothek • Tel. 4 67 75 80 • www.slub-dresden.de • Sonderausstellung Mo–Sa 10–18 Uhr, Zimelienzimmer Mo–Fr 10–17 Uhr (beim Sicherheitsdienst im Erdgeschoss melden) • Eintritt frei

Carl-Maria-von-Weber-Museum
▶ S. 93, c 3

Das kleine Weinbauernhaus, zwischen Strom und Elbhängen gelegen, in dem Carl Maria von Weber mit seiner Familie 1818 bis 1824 fast jährlich die Sommer verbrachte, wurde zum Museum. In dem heute mit zeit-

Im Erich Kästner Museum (▶ S. 70) muss der Besucher selbst aktiv werden, um den Spuren des Journalisten und Dichters zu folgen.

genössischem Mobiliar ausgestatteten Haus schrieb Weber, seinerzeit Musikdirektor der Dresdner Oper, bedeutende Teile der »Freischütz«-Partitur sowie die Oper »Euryanthe« und die »Aufforderung zum Tanz«.
Hosterwitz • Dresdner Str. 44 • Bus: Van-Gogh-Str. • www.museen-dresden.de • Mi–So 13–18 Uhr • Eintritt 3 €, Kinder 2 €

Deutsches Hygiene-Museum 🏃🏃
▶ S. 115, E 13

Das in Europa einmalige Museum ist seit über 90 Jahren die erste Adresse, wenn es darum geht, Wissenswertes rund um den menschlichen Körper zu erleben. Die Dauerausstellung zeigt auf rund 2500 qm mehr als 1300 Exponate. Sie gliedert sich in sieben Themenbereiche, u.a. in »Der gläserne Mensch«, »Sexualität«, »Leben und Sterben« sowie »Essen und Trinken«.

Altstadt • Lingnerplatz 1 • Straßenbahn: Deutsches Hygienemuseum oder Großer Garten • www.dhmd.de • Di–So 10–18 Uhr • Eintritt 7 €, Kinder frei

Erich Kästner Museum 🏃🏃
▶ S. 109, E 2

1899 wurde der Schriftsteller Erich Kästner in Dresden geboren. Das Museum entstand in der Villa Augustin seines Onkels, in der der Schöpfer vom »Doppelten Lottchen«, von »Emil und die Detektive« und auch von Erwachsenenliteratur wie »Drei Männer im Schnee« als Kind oft zu Besuch war. Das kleine Museum vermittelt Besuchern unterschiedlicher Generationen das facettenreiche Bild der im Jahr 1974 verstorbenen Schriftstellerpersönlichkeit.
Neustadt • Antonstr. 1 • Straßenbahn: Albertplatz • www.erich-kaestner-

museum.de • So–Mi, Fr 10–18 Uhr • Eintritt 4 €, Kinder 3 €

Karl-May-Museum Radebeul 🍴👤
▸ S. 93, b 2

Die Villa des Abenteuerschriftstellers Karl May, in der er von 1896 bis zu seinem Tod im Jahr 1912 wohnte, hat sich zum Wallfahrtsort für alle Freunde von Old Shatterhand und Winnetou entwickelt. Allerdings muss man dafür einen Abstecher nach Radebeul unternehmen. Die **Villa Bärenfett**, ein Blockhaus im Garten, beherbergt die Ausstellung »Indianer Nordamerikas«.

Radebeul • Karl-May-Str. 5 • Straßenbahn: Schildenstr., S-Bahn: Radebeul-Ost • www.karl-may-museum.de • März–Okt. Di–So 9–18 Uhr, Nov.–Feb. Di–So 10–16 Uhr • Eintritt 7 €, Kinder 3 €

Kraszewski-Museum ▸ S. 110, B 5

In der Villa wohnte der polnische Schriftsteller Józef Ignacy Kraszewski von 1873 bis 1879, insgesamt lebte er 24 Jahre in Dresden. Die Ausstellung informiert u. a. über das Schaffen von Kraszewski, der 94 historische Romane geschrieben hat, darunter die Sachsentrilogie »Brühl«, »Gräfin Cosel« und »Aus dem Siebenjährigen Krieg«.

Neustadt • Nordstr. 28 • Straßenbahn: Alaunplatz • www.museen-dresden. de • Mi–So 13–18 Uhr • Eintritt 3 €, Kinder 2 €

Militärhistorisches Museum der Bundeswehr ▸ S. 109, nördl. D 2

Der Besuch des Museums braucht Zeit: Auf 13 000 qm präsentieren Uniformen, Waffen und Kunstwerke sowie Großobjekte wie Kanonen, Helikopter und Autos 800 Jahre Militärgeschichte. Rund 10 500 Exponate sind zu sehen, darunter die US-amerikanische Kurzstreckenrakete »Honest John« und die Sojus-Kapsel von Sigmund Jähn. Spektakulär ist der Museumsneubau nach einem Entwurf des amerikanischen Stararchitekten Daniel Libeskind: In das alte Arsenalgebäude von 1876 wurde ein Keil aus Stahl, Glas und Beton getrieben, der wir eine gigantische Rakete wirkt.

Neustadt • Olbrichtplatz 2 • Straßenbahn oder Bus: Stauffenbergallee • www.mhmbw.de • Do–Di 10–18, Mo 10–21 Uhr • Eintritt 5 €, Kinder frei

Museum der Dresdner Romantik im Kügelgenhaus ▸ S. 109, E 2

Das Haus erinnert an große Geister der Stadt, u. a. an die Maler Caspar David Friedrich, Philipp Otto Runge, Anton Graff, den Dichter Heinrich von Kleist und die Familie Körner, die Musiker Robert Schumann und Carl Maria von Weber. In den heutigen Räumen des Museums wohnte zur Dresdner Frühromantik der Maler Gerhard von Kügelgen mit seiner Familie. Nach einem Gemälde von Georg Friedrich Kersting wurde das Atelier Kügelgens nachgestaltet.

Neustadt • Hauptstr. 13 • Straßenbahn: Neustädter Markt oder Albertplatz • www.museen-dresden.de • Mi–So 10–18 Uhr • Eintritt 3 €, Kinder 2 €

Schillerhäuschen ▸ S. 112, B 11

Das kleine Gartenhaus erinnert an die Aufenthalte von Friedrich Schiller in Dresden, die in den Jahren 1785 bis 1787 sowie im Jahr 1801 stattfanden. Hier arbeitete Schiller am »Don Carlos« und schrieb die Ode »An die Freude«.

Loschwitz • Schillerstr. 19 • Straßenbahn: Grundstr, Bus: Körnerplatz •
www.museen-dresden.de • Ostern–
Sept. Sa, So 10–17 Uhr • Eintritt frei

Staatliche Kunstsammlungen Dresden

Zu den Staatlichen Kunstsammlungen gehören 14 Museen und Gale-
rien. Wer auf seine Fragen sachkun-
dige Antworten haben möchte, sollte
an den Rundgängen mit Museums-
pädagogen teilnehmen, die ohne
Reservierungen und nur für Einzel-
besucher stattfinden. (Informationen über die Termine beim Besu-
cherservice Tel. 49 14 20 00 oder
www.skd.museum). Im Residenzschloss, im Albertinum und in der
Gemäldegalerie Alte Meister stehen

auch Audioguides bereit, die vertie-
fende Informationen zu einer reprä-
sentativen Auswahl von attraktiven
Exponaten bieten. Der Eintritt in das
Residenzschloss ist für alle Museen
dort gültig, für Sonderausstellungen
sowie den Hausmannsturm – ausge-
nommen ist das Historische Grüne
Gewölbe.

Galerie Neue Meister ▶ S. 109, E 4

Eines der bedeutenden Museen der
Moderne, das sich die Ausstellungs-
säle des Albertinums mit der Skulpturensammlung teilt. Zu sehen sind
rund 300 Meisterwerke der Kunst
von der Romantik bis zur Gegenwart. Georg Baselitz, A. R. Penck und
Gerhard Richter, drei international
renommierte Künstler mit sächsischen Wurzeln, haben eigene Räume
erhalten.

Altstadt • Albertinum (Eingang Brühlsche Terrasse und Georg-Treu-Platz) •
Straßenbahn: Synagoge, Theaterplatz • www.skd-dresden.de • Di–So
10–18 Uhr • Eintritt Albertinum 8 € •
Kinder frei

Gemäldegalerie Alte Meister
▶ S. 109, D 3

Das weltberühmte Kunstmuseum
besitzt rund 3000 herausragende
Meisterwerke europäischer Malerei
des 14. bis 18. Jh., darunter die beste und größte Sammlung von Werken der italienischen Renaissance
nördlich der Alpen. Zu den bekanntesten Bildern der Galerie gehören
Raffaels »Sixtinische Madonna«,
Tizians »Zinsgroschen«, Vermeer
van Delfts »Bei der Kupplerin« und
Rembrandts »Selbstbildnis mit Saskia«. Unter den Bildern deutscher
Maler ragen »Sieben Schmerzen
Mariä« von Albrecht Dürer und von

MERIAN-Tipp ◆10

**ERLEBNISWELT HAUS MEISSEN
DER STAATLICHEN PORZELLAN-
MANUFAKTUR MEISSEN**
▶ S. 93, a 1

Meissener Porzellan wird von vielen Museen gesammelt, doch nur
das Museum of Meissen Art dokumentiert seine Entwicklungsge-
schichte lückenlos. In den sich
ebenfalls in der Erlebniswelt Haus
Meissen befindlichen Schauwerkstätten werden Besuchern an vier
Arbeitsplätzen (Dreher, Bossier,
Unterglasur- und Aufglasurmaler)
die Fertigungsabläufe vorgeführt.
Meißen • Talstr. 9 • S-Bahn •
www.meissen.com • Mai–Okt.
tgl. 9–18, Nov.–April tgl. 9–
17 Uhr • Eintritt Schauhalle,
Schauwerkstatt und Sonderausstellungen 9 €, Kinder 5 €

Die Sixtinische Madonna ist der Star in der Gemäldegalerie Alte Meister (▶ S. 72), die sich der europäischen Malerei des 14. bis 17. Jh. widmet.

Lucas Cranach d. Ä. der »Katharinenaltar« heraus. Zur bewussten Gliederung der gezeigten rund 700 Bilder tragen die Farben der Wände bei: Italienische Bilder hängen auf rotem Grund, holländische, flämische und deutsche auf grünem, spanische und französische des 17. Jh. auf grauem.

Altstadt • Theaterplatz 1 (im Zwinger) • Straßenbahn: Theaterplatz, Bus oder Straßenbahn: Postplatz • www.skd-dresden.de • Di–So 10–18 Uhr • Eintritt 10 €, Kinder frei

Grünes Gewölbe ⭐   ▶ S. 109, D 4

Dresden besitzt seit 2005 wieder das größte, reichste und älteste Schatzkammermuseum Europas. Nach dem Zweiten Weltkrieg wurde ein Teil der Kunstschätze im Albertinum (▶ S. 49) ausgestellt, 2004 kehrte die Ausstellung unter dem Namen **Neues Grünes Gewölbe** ins Residenzschloss zurück. Dort sind die rund 1000 meisterhaften Arbeiten im Obergeschoss des Westflügels ausgestellt. 2006 öffnete im Erdgeschoss das **Historische Grüne Gewölbe**, in

Das Kunstgewerbemuseum (▶ S. 74) eröffnet immer erst Anfang Mai, nachdem die Ausstellungsstücke ihren Winterschlaf in einem beheizten Depot halten mussten.

dem in zehn Kabinetten rund 3000 Glanzstücke des Kunsthandwerks zu bewundern sind.

Die Bezeichnung »Grünes Gewölbe« geht bis in das Jahr 1572 zurück. Sie beruht auf dem teilweise grün gestrichenen Tresorraum im Residenzschloss, in dem die Werke von 1729 bis zur Auslagerung im Zweiten Weltkrieg zu sehen waren.

Altstadt • Residenzschloss • Straßenbahn: Theaterplatz, Straßenbahn oder Bus: Postplatz • Einlass in das Historische Grüne Gewölbe nur mit Zeittickets: im Vorverkauf unter Tel. 49 19 22 85 oder unter www.skd-dresden.de; 40 % des Kartenkontingents eines Tages sind am jeweiligen Tag ab 10 Uhr an der Kasse im Residenzschloss erhältlich, 5 Zeittickets pro Person • Eintritt Residenzschloss 10 €, Kinder frei, Eintritt Historisches Grünes Gewölbe 10 € inklusive Audioguide, Kinder frei

Kunstgewerbemuseum Dresden   ▶ S. 93, c 3

Das Museum im Berg- und Wasserpalais von Schloss Pillnitz zeigt die besten Kunstwerke seiner umfangreichen Sammlungen, die verschiedenste Objekte europäischen Kunsthandwerks vom Mittelalter bis zur Gegenwart umfassen. Im Wasserpalais werden vor allem Möbelstücke, Glas, Majolika (zinnglasierte Keramik), Leder, Gobelins, Eisengitter und Schlösser des 17. und 18. Jh. gezeigt. Im Bergpalais sind großartige Arbeiten aus der Steinzeug-, Fayence- und Zinnsammlung sowie Kunsthandwerk ausgestellt.

Pillnitz • Schloss Pillnitz • Straßenbahn: Kleinzschachwitz, weiter mit Fähre oder Bus: Pillnitzer Park • www.skd-dresden.de • Bergpalais Mai–Okt. Di–So 10–18 Uhr, Wasserpalais Mai–Okt. Mi–Mo 10–18 Uhr • Eintritt 4 €, Kinder frei

Mathematisch-Physikalischer Salon ▶ S. 109, C 4

Die Sammlungen umfassen kunstvolle Instrumente und Geräte der angewandten Mathematik und Physik sowie verwandter Disziplinen vom 13. bis 19. Jh. und gehören zu den wertvollsten ihrer Art. Als eine der umfangreichsten gilt die Uhrensammlung, die einen Überblick über 500 Jahre Zeitmessung gibt. Nicht minder berühmt ist die Globensammlung mit einem Himmelsglobus von 1279 aus der persischen Sternwarte Meragha als ältestes Exponat.
Altstadt • wegen Sanierungsarbeiten z. Zt. geschlossen • Informationen zu Interimsausstellungen unter Tel. 49 14 20 00

Museum für Sächsische Volkskunst mit Puppentheatersammlung 👪 ▶ S. 109, E 3

27 000 Zeugnisse der Volkskunst aus allen sächsischen Landschaften werden hier aufbewahrt, eine Auswahl davon wird gezeigt. Es sind bemalte ländliche Möbel, Erzeugnisse alten Handwerks wie der Töpfer, Korbmacher, Zinngießer, Blaudrucker sowie Klöppelarbeiten. Im Obergeschoss wird eine der größten und bedeutendsten Puppentheatersammlungen weltweit gezeigt.
Neustadt • Köpckestr. 1 (im Jägerhof) • Straßenbahn: Carolaplatz oder Neustädter Markt • www.skd-dresden.de • Di–So 10–18 Uhr • Eintritt 3 €, Kinder frei

Porzellansammlung ▶ S. 109, D 4

Etwa 50 000 Porzellanarbeiten ließ August der Starke zur Ausstattung eines Porzellanschlosses zusammentragen. Auf diese Sammlung geht das

Museum zurück, das zu den größten seiner Art gehört. Zu sehen sind Arbeiten aus China, Japan und Meißen sowie die umfangreichste Sammlung von Böttgersteinzeug und Böttgerporzellan.
Altstadt • Theaterplatz 1 (im Zwinger) • Straßenbahn: Theaterplatz, Bus oder Straßenbahn: Postplatz • www.skd-dresden.de • Di–So 10–18 Uhr • Eintritt 6 €, Kinder frei

---

WUSSTEN SIE DASS …

… der erste Büstenhalter der Welt aus Dresden kommt? Am 5. September 1895 meldete das Dresdner Fräulein Christine Hart das erste Patent für ein »Leibchen, das die Brust in Form hält« an.

Rüstkammer Dresden ▶ S. 109, D 3

Die mehr als 10 000 Arbeiten, von denen gegenwärtig nur etwa 1300 gezeigt werden können, haben Weltgeltung. Die Waffen und fürstlichen Ausstattungen sind Meisterwerke der Handwerkskunst. Die Sammlungen der Harnische, Schwerter, Degen, Dolche, Pistolen sowie der Gewehre gehören zu den wertvollsten ihrer Art. Im Jahr 2013 zieht die Rüstkammer ins Residenzschloss.
Altstadt • Theaterplatz 1 (im Zwinger) • Straßenbahn: Theaterplatz, Straßenbahn oder Bus: Postplatz • www.skd-dresden.de • Di–So 10–18 Uhr • Eintritt 3 €, Kinder frei

Skulpturensammlung ▶ S. 109, D 4

Mehr als 15 000 Originalwerke aus fünf Jahrtausenden umfassen die Bestände. Die Schätze des Museums sind seit der Wiedereröffnung des

Albertinums im Sommer 2010 mit denen der ebenfalls hier beheimateten Galerie Neue Meister in einem Rundgang zu erleben, oftmals gibt es ein Zusammenspiel von Skulpturen und Malerei. Blickpunkt bildet das riesige gläserne Schaudepot in der Eingangshalle, in der 150 Skulpturen von der Antike bis zum Barock stehen.

Altstadt • Albertinum (Eingang Brühlsche Terrasse und Georg-Treu-Platz) • Straßenbahn: Synagoge, Theaterplatz • www.skd-dresden.de • Di–So 10–18 Uhr • Eintritt Albertinum 8 €, Kinder frei

Türckische Cammer   ▸ S. 109, D 4

Eine der weltweit prächtigsten und bedeutendsten Sammlungen an osmanischen Waffen, Reitzeugen, Kostümen und Zelten. Blickpunkt bildet ein 20 Meter langes, sechs Meter hohes und acht Meter breites osmanischen Staatszelt.

Altstadt • Residenzschloss • Straßenbahn: Theaterplatz, Straßenbahn oder Bus: Postplatz • Mi–Mo 10–18 Uhr • www.skd-dresden.de • Eintritt Residenzschloss 10 €, Kinder frei

Stadtmuseum Dresden
▸ S. 109, E 4

Das Museum besitzt die umfangreichsten Sammlungen zur städtischen Kunst- und Kulturgeschichte. Die interessante Dauerausstellung informiert von der ersten urkundlichen Erwähnung Dresdens 1206 bis zu den Montagsdemonstrationen im Herbst 1989.

Die Städtische Galerie im ersten Obergeschoss gibt Einblick in ihren bedeutendsten Bestand an Malerei, Grafik und Skulptur vom 16. Jh. bis zur Gegenwart.

Altstadt • Wilsdruffer Str. 2 • Straßenbahn oder Bus: Pirnaischer Platz • www.museen-dresden.de • Di–Do, Sa, So 10–18 Uhr, Fr 10–19 Uhr • Eintritt 4 €, Kinder 3 €

Stasi-Gedenkstätte   ▸ S. 111, D 5

Erinnerungen an die Opfer der politischen Gewaltherrschaft in der sowjetischen Besatzungszone und später in der DDR. Das Gebäude wurde ab Mai 1945 von der Sowjetischen Militäradministration und ab den 50er-Jahren des vorigen Jahrhunderts von der Staatssicherheit der DDR genutzt.

Loschwitz • Bautzner Str. 112a • Straßenbahn: Angelikastraße • www.bautzner-strasse-dresden.de • tgl. 10–18 Uhr • Eintritt 4 €, Kinder frei

---

WUSSTEN SIE DASS …

… die erste Kleinbild-Spiegelreflexkamera der Welt aus Dresden kommt? Es war die Kine-Exakta der Firma Ihagee, vorgestellt wurde sie auf der Leipziger Frühjahrsmesse 1936.

Technische Sammlungen der Stadt Dresden   ▸ S. 117, F 17

Mehr als 30 000 Objekte aus den Bereichen Industrie-, Technik- und Alltagsgeschichte der letzten 150 Jahre werden in diesem Museum aufbewahrt und gezeigt. Dazu zählen Schreib- und Nähmaschinen ebenso wie Fotoapparate, Kameras und Projektoren. Darunter finden sich auch zahlreiche Produkte der DDR-Industrie. Das Museum wurde im Ernemanngebäude eingerichtet, das 1923/1924 für die Zeiss-Ikon-Werke entstand und zu DDR-Zeiten Sitz der Pentacon-Kamerawerke war. Der

Von Pferd und Kutsche zum Auto: Das Verkehrsmuseum (▶ S. 77) zeigt die Entwicklung der Transportmittel und veranschaulicht den Erfindungsreichtum des Menschen.

48 m hohe Ernemannturm bietet einen tollen Rundblick.

Striesen • Junghansstr. 1–3 • Straßenbahn oder Bus: Pohlandplatz • www.tsd.de • Di–Fr 9–17, Sa, So 10–18 Uhr • Eintritt 4 €, Kinder 3 €

Verkehrsmuseum Dresden 👫

▶ S. 109, D 4

Als eines der wenigen Museen der Welt gibt dieses einen ausführlichen Überblick über die Entwicklung, den derzeitigen Stand und die Perspektive aller Verkehrszweige. Untergebracht ist das Museum im Johanneum, einem Renaissancebau am Neumarkt, der einst kurfürstliche Kutschen und Pferde beherbergte. Anschaulich dokumentiert die umfangreiche Ausstellung den Einfallsreichtum des Menschen, sich zu Lande, zu Wasser und in der Luft fortzubewegen.

Altstadt • Augustusstr. 1 (im Johanneum) • Straßenbahn: Altmarkt • www.verkehrsmuseum-dresden.de • Di–So 10–18 Uhr • Eintritt 4,50 €, Kinder 2,50 €

Schloss Moritzburg (▶ S. 89) wurde im
18. Jh. unter August dem Starken zu
einem Gesamtkunstwerk mit zahlreichen
Teichen und Gärten.

Spaziergänge
und Ausflüge

Erleben Sie Dresden zu Fuß durch besonders schöne
Viertel, vorbei an herrschaftlichen Villen, Schlössern
und einer Fülle von Kunstwerken.

Brühlsche Terrasse – Der Balkon Europas ✶

CHARAKTERISTIK: Der Stadtbummel führt zu vielen Architektur-Höhepunkten **DAUER:** etwa 1 Std. Dabei ist auch schon Zeit einkalkuliert, dem Treiben auf der Elbe mit der Anlegestelle der Schaufelraddampfer zuzuschauen **LÄNGE:** ca. 1 km **ANFAHRT:** Straßenbahn: Schlossplatz **EINKEHRTIPP:** Café Vis-à-Vis

 (▸ S. 23), Brühlsche Terrasse 3, Tel. 8 64 28 37, www.hilton.de/dresden

KARTE ▸ S. 81

Entlang der Brühlschen Terrasse ziehen sich bedeutende Bauwerke und Denkmäler. Die Dresdner sprechen von ihrem »Balkon«, und kaum ein Gast der Stadt versäumt, ihn zu betreten. Der Blick auf die Elbe und hinüber zur Neustadt gehört mit zum Schönsten, was Dresden zu bieten hat, auch wenn sich einige unansehnliche DDR-Einheitshäuser in das Bild drängen. Ein Spaziergang auf der Brühlschen Terrasse ist ein Spaziergang entlang der Elbe, allerdings auf einer etwas erhöhten Position. Bereits im 19. Jh. bildete sich der Beiname »Balkon Europas« heraus.

Schlossplatz ▸ Brühlsche Terrasse
Eine breite **Freitreppe** (1), die von der bronzenen Skulpturengruppe »Die vier Tageszeiten« geschmückt wird, führt vom Schlossplatz zur fast 600 m langen Brühlschen Terrasse. Ihr heutiges Aussehen mit imponierenden Bauwerken und zahlreichen Denkmälern erhielt sie Ende des 19. Jh.
Dort, wo das **Neue Ständehaus** seinen Platz bekam, erhob sich einst das Palais des Grafen von Brühl. Aus dieser Zeit stammt noch das Brunnenbecken (2) davor, das jahrzehntelang eine Erdschicht verdeckte. Erst 1989 wurde es freigelegt.
Vor der Sekundogenitur steht das **Ernst-Rietschel-Denkmal** (3), mit dem der berühmte sächsische Bildhauer (1804–1861) geehrt wird. Johannes Schilling ließ es 1876 dort aufstellen, wo einst der Brühlsche Gartenpavillon stand, der seinem Lehrmeister Rietschel einige Jahre lang als Atelier diente. Von dem Professor an der Dresdner Akademie der Künste stammen unter anderem in der Elbestadt das Weberdenkmal und an der Semperoper die Skulpturen Goethes und Schillers sowie das Goethe-Schiller-Denkmal in Weimar und das Luther-Denkmal in Worms.
In Höhe des Abgangs zur Münzgasse erreicht man das moderne **Planetendenkmal** (1990) (4), auch Sieben-Bastionen-Plastik genannt. Die Götter, die den Planeten die Namen geben, sind auf Fußbodenplatten charakterisiert. Es erinnert an den Erlass von August dem Starken im Jahr 1731, die sieben Bastionen Dresdens nach der Sonne und sechs ihrer Planeten zu benennen. Vorbei an der Kunstakademie und dem Kunstverein gelangt man zum 1882 enthüllten **Denkmal für Gottfried Semper** (5). Semper (1803–1879) hat mit der Sächsischen Staatsoper und der Gemäldegalerie Alte Meister bleibende Werke in Dresden hinterlassen. Das Denkmal hat ebenfalls Johannes Schilling (1828–1910) geschaffen, der selbst eines verdient hätte. Zu seinen für Dresden geschaffenen Kunstwerken gehören »Die vier Tageszeiten« an der Freitreppe, die bronzene Panther-

quadriga mit Ariadne und Dionysos über der Exedra der Semperoper, das Reiterdenkmal König Johanns auf dem Theaterplatz und der Giebelschmuck am Kunstverein.

Vom Geländer der Brühlschen Terrasse genießt man den herrlichen Blick auf das Elbtal. Gut zu erkennen sind neben der **Augustusbrücke** noch die **Marienbrücke**, die **Carolabrücke** und die **Albertbrücke**. Am anderen Elbufer sind zwei um 1900 errichtete monumentale Bauwerke zu sehen: das **Gesamtministerialgebäude** mit breitem Turmaufbau und der vergoldeten Königskrone obendrauf – heute Sitz des Ministerpräsidenten und der Staatskanzlei – und das **Finanzministerium** mit einem großen Wandbild zum Thema Geld im Giebel. Wer den Blick in Richtung Westen schweifen lässt, sieht auf der Altstadtseite den mächtigen **Erlweinspeicher** aus dem Jahr 1913, der zum Hotel des neuen Kongresszentrums umgebaut wurde.

Die Brühlsche Terrasse ist benannt nach Premierminister Graf Heinrich von Brühl (1700–1763), der einen Teil der Dresdner Festungsanlage von seinem Kurfürsten Friedrich August II. (1696–1763) geschenkt bekommen hatte. Brühl war nicht nur einer der einflussreichsten Männern Sachsens, er war auch reich. Von seinem hinterlassenen Vermögen hätten die Dresdner fünf Frauenkirchen errichten können. Die von Brühl geschaffene Anlage steht den Dresdnern und ihren Gästen erst seit 1814 offen. Bis dahin durften nur Angehörige des Adels auf der Terrasse oberhalb des Elbufers spazieren gehen.

Delphinbrunnen ►
Böttger-Gedenkstele

Auf der ehemaligen Venusbastion, linker Hand des heutigen Albertinums ließ Graf Brühl seinen Garten anlegen, aus dieser Zeit blieb der 1749 fertiggestellte **Delphinbrunnen** (6) von Pierre Coudray erhalten. Ein ähnliches Alter haben die beiden **Sphinxgruppen** (7) von Gottfried Knöbbler, die einst am Eingang des ersten Belvedere standen. Die moderne, 1990 enthüllte **Metallplastik** (8) von Wolf-Eike Kuntsche erinnert an den berühmten Maler der Romantik Caspar David Friedrich (1774–1840), der 42 Jahre lang in Dresden lebte.

Die 1982 enthüllte **Böttger-Gedenkstele** (9), die Peter Makolies aus Sandstein mit dem Medaillon des Meisters aus Meissener Porzellan schuf, steht dort, wo der Alchimist mit Ehrenfried Walther von Tschirnhaus (1651–1708) die Formel für das europäische Porzellan entwickelte. 1707 bekam Böttger (1682–1719) in den Gewölben unter dem ersten Belvedere seine Schmelzküche eingerichtet, um für August den Starken Gold zu machen. Das schlichte Gebäude rechter Hand, heute von der Reformierten Kirche genutzt, war zu Zeiten des Grafen Brühl die **Hofgärtnerei**. Gern führen die Dresdner ihre Gäste zum gusseisernen Geländer, das den Brühlschen Garten umgibt. An einer Stelle nahe der Böttger-Gedenkstele, erkenntlich an einer markanten Vertiefung im Metall (10), soll August der Starke seinen Daumenabdruck hinterlassen haben.

Zwischen »einem Bilderkauf, zwei Staatsakten und drei Liebesspielen«, so heißt es. Dem Kurfürst werden Kräfte eines Bären nachgesagt. Was die Dresdner oft vergessen zu erwähnen: An dieser Stelle bekam die Brühlsche Terrasse nicht vor 1747 ein Geländer – da war August der Starke schon über zehn Jahre tot.

Hofgärtnerei ▸ Moritzmonument

An der Nordostecke der Terrassenmauer wurde das **Moritzmonument** (11) angebracht, Dresdens ältestes Denkmal, das nach der Ende 1998 abgeschlossenen Restaurierung wieder zu sehen ist. Mit dem Denkmal wird an den tragischen Tod von Kurfürst Moritz (1521–1553) erinnert, den im Krieg eine Kugel der eigenen Soldaten getroffen hatte. Sein Bruder August (1526–1586) ließ es errichten, denn Moritz hatte für Sachsen im Schmalkaldischen Krieg die Kurwürde errungen.

Von viel Grün umgeben, liegt die Villa Manfred von Ardenne im luxuriösen Villenviertel Weißer Hirsch (▸ S. 83), das architektonisch viel Interessantes zu bieten hat.

Weißer Hirsch – Ein Viertel voller Villen

CHARAKTERISTIK: Der Spaziergang führt durch das historisch interessante Villenviertel oberhalb der Elbe **DAUER:** 2–3 Std. **LÄNGE:** ca. 2 km **ANFAHRT:** Bus: Körnerplatz. Hier befindet sich die Abfahrtsstelle der Standseilbahn. Das Auto sollte wegen mangelnder Parkplätze nicht benutzt werden **EINKEHRTIPP:** Restau-

rant Luisenhof (▶ S. 22) direkt an der Bergstation der Standseilbahn, Bergbahnstr. 8, Tel. 2 14 99 60, www.luisenhof.org €€

KARTE ▶ S. 83, S. 112/113, C/D 10/11

Historisch bedeutsam ist der **Weiße Hirsch**, ein Villenviertel oberhalb der Elbe. Um eine Ausflugsgaststätte namens »Weißer Hirsch« am Rand der Dresdner Heide entwickelte sich ab 1888 ein Kurbad mit dem Lahmannschen Sanatorium. Maler, Schauspieler und andere Berühmtheiten kamen, um sich naturheilkundlich behandeln zu lassen. 1921 wurde der Ort Weißer Hirsch Dresden eingemeindet, und zehn Jahre später wurde ihm der Zusatz Bad verliehen.

Bergstation ▶ Friedensblick

Der Spaziergang beginnt für diejenigen, die vom Körnerplatz mit der Standseilbahn anreisen, an der Bergstation beim Restaurant »Luisenhof«, das wie die Bahn im Jahr 1885 entstand und den Namen von Kronprinzessin Luise bekam – den es übrigens auch zu DDR-Zeiten behielt. Gern wird das viel besuchte Restaurant als »Balkon Dresdens« bezeichnet, denn der Blick von hier oben auf die Stadt ist wirklich fantastisch.

Der Weg führt über die Bergbahnstraße weiter zur Plattleite und zur **Zeppelinstraße**, in der 1997 im Alter von 90 Jahren verstorbene **Baron Manfred von Ardenne** sein Domizil hatte, der wohl letzte Universalgelehrte des 20. Jh. Mit 15 Jahren hatte er sein erstes Patent angemeldet, im Lauf der Jahrzehnte wurden

es weit über 600. Von Ardenne war maßgeblich an der ersten elektronischen Fernsehübertragung beteiligt, mit seinem Breitbandverstärker schaffte er die Voraussetzung für die heutige Telekommunikation. Der Baron gehörte zu den schillerndsten Persönlichkeiten der Wissenschaft des 20. Jh. Nach Kriegsende heuerten ihn die Sowjets an, er beteiligte sich am Bau der Atombombe, was ihm den Stalin-Preis und die Bezeichnung »roter Baron« einbrachte. Von dem Preisgeld baute sich der Physiker auf dem Weißen Hirsch sein Wissenschaftsimperium auf, das zu DDR-Zeiten rund 500 Mitarbeiter zählte. Aus seiner Zuneigung zum Staat DDR hat der Baron nie ein

Hehl gemacht. Er genoss das Wohlwollen des allmächtigen Ulbricht, obwohl er dessen SED nicht angehörte. Später fand Ardenne mit der Krebs-Mehrschritt-Therapie Aufmerksamkeit. Rund um die prachtvolle Villa Zeppelinstraße 7, in die er 1960 zog, findet sich der Name Ardenne mit verschiedenen Vornamen und unterschiedlichen Berufsbezeichnungen an mehreren Häusern. Über die Wolfshügelstraße biegt man links in die **Collenbuschstraße** ein. Nach einem kurzen Fußmarsch gelangt man zu einer Anlage, die den Namen **Friedensblick** trägt und von der sich ein herrlicher Ausblick auf Dresden eröffnet.

Friedensblick ▶ Künstlervillen

Der hoch aufragende **Obelisk**, der einst in Wachwitz stand, sollte bei den Passagieren der Elbschiffe die Erinnerung an den 1854 tödlich verunglückten sächsischen König Friedrich August II. wachhalten. Später, bis 1945, war die Anlage nach dem Reichswehrminister von Blomberg benannt, der Kurgast auf dem Weißen Hirsch war und sie als Notstandsarbeit anlegen ließ.

In der entgegengesetzten Richtung der Collenbuschstraße mit zahlreichen Villen im Stil der Neuen Sachlichkeit wohnte im Haus Nr. 4 von 1952–1954 der dänische Dichter **Martin Andersen Nexø**, Autor solch bekannter Bücher wie »Pelle der Eroberer« und »Ditte Menschenkind«. Im großen Eckhaus Collenbuschstraße 14 begann nach dem Zweiten Weltkrieg Dresdens Kunstleben. Ein Künstlerkomitee, dem auch der Schauspieler Erich Ponto angehörte, diskutierte und beriet hier mit Vertretern der sowjetischen Stadtkommandantur.

Lahmann-Sanatorium ▶ Bergstation

An der Bautzner Landstraße/Ecke Stechgrundstraße befand sich das **Sanatorium von Dr. Lahmann**, zu dem noch zehn Villen gehörten. Hinter dem Sanatorium entstand in den Zwanzigerjahren ein noch vorhandener **Waldpark mit Konzertplatz**, auf dem Schauspieler wie Paul Hörbiger, Theo Lingen und Heinz Rühmann zu sehen waren. Während der NS-Zeit war festgelegt: »Wenn auf dem Konzertplatz Veranstaltungen sind, dürfen Juden sich nicht in der Nähe aufhalten.« Nach dem Zweiten Weltkrieg eigneten sich die Sowjets das Sanatorium an und machten es zum Lazarett. Zurück blieb eine Ruine. 2011 erwarb ein Investor das Gelände, der es zu einem Wohnpark umgestalten will.

Das an der Ecke zur Stechgrundstraße gelegene **Parkhotel**, dient heute als Veranstaltungshaus. Das 1914 im Jugendstil errichtete Haus war einmal eines der vornehmsten Hotels der Region. Im Haus Rißweg 68 wohnte 1910 **Oskar Kokoschka** und schrieb hier sein expressionistisches Drama »Mörder, Hoffnung der Frauen«. Fast vergessen ist, dass auf dem Grundstück »An der Berglehne 4« die Kommunistische Partei Deutschlands von 1928–1931 ihre **Reichsparteischule** hatte. Auch Josip Broz Tito, der Gründer Jugoslawiens und langjährige Staats- und Parteichef, weilte hier. Zu den Hörern der Schule gehörte ein Arnold Friedrich Vieth von Golßenau, der später in der DDR unter dem Namen **Ludwig Renn** zu einem viel gelesenen Schriftsteller wurde. Nach dem Zweiten Weltkrieg kehrte er auf den Weißen Hirsch zurück und wohnte einige Jahre im Haus Plattleite 38.

Der Große Garten – Grüne Oase in der Stadt

CHARAKTERISTIK: Der schöne Spaziergang im Grünen führt über gut ausgebaute, ebene Wege **DAUER:** 3 Std. **LÄNGE:** ca. 2 km **ANFAHRT:** Straßenbahn: Lenné-straße **EINKEHRTIPP:** Restaurant Carolaschlösschen (▶ S. 21), Im Großen Garten, Tel. 2 50 60 00, www.carolaschloesschen.de €
KARTE ▶ S. 85, S. 116, A–C 18/19

Ab 1676 ließ Johann Georg II. vor den Toren der Stadt den Großen Garten anlegen, als Vorbild dienten die Anlagen von Versailles. Viele Jahrzehnte lang war der Park mit einer über 2 m hohen Mauer umgeben, erst ab 1814 wurde sie niedergelegt und der Park zur allgemeinen Benutzung freigegeben. Zwei Teile des Großen Gartens wurden im 19. Jh. abgetrennt, für den Zoologischen Garten und den Botanischen Garten. Auf 2 qkm Fläche laden mehr als 30 km Wege zum Spazieren ein, die Parkeisenbahn schlängelt

sich auf einer 5,6 km langen Strecke durch das Gelände. Der Große Garten ist von allen Seiten zugänglich, dieser Spaziergang beginnt an der Lennéstraße gegenüber dem Deutschen Hygiene-Museum. Diesen Zugang an der Hauptallee, der Längsachse des Parks, zieren **allegorische Vasen** aus dem 18. Jh. Etwas weiter rechts steht der **Mosaikbrunnen**, den Stadtbaurat Hans Poelzig anlässlich der Internationalen Gartenbauausstellung 1926 entworfen hat. Vorbei an den Zentaurengruppen aus weißem italienischen Marmor

Inmitten des Großen Gartens (▶ S. 54, 85) liegt das Palais, das in seinem Erdgeschoss eine Sammlung sächsischer Barockskulpturen präsentiert.

»Eurythos und Hippomia« sowie »Nessus und Deianira« wird das **Palais** erreicht, das nie Wohnzwecken diente.

Mittelpunkt des dreigeschossigen Baus bildet der über zwei Geschosse reichende Festsaal. Johann Georg Starke setzte das Bauwerk 1678 bis 1683 in die Parkmitte, dort, wo sich die Haupt- und die Queralle schneiden. Das Parterre wird von barocken **Kavalierhäuschen** begrenzt, in denen einst die Gäste des Königs untergebracht waren. Das Palais war für sommerliche Vergnügungen der Hofgesellschaft erbaut worden, später diente es als Altertumsmuseum, am Ende des Zweiten Weltkriegs wurde es schwer beschädigt, das Innere brannte völlig aus. Äußerlich ist das Architekturdenkmal seit Jahren wiederhergestellt, im Inneren dagegen wartet noch viel Arbeit auf die Handwerker.

Rechter Hand versteckt sich hinter Bäumen das wie eine Arena der alten Griechen gestaltete **Parktheater**, das auf August den Starken zurückgeht. Es ist das älteste noch in ursprünglicher Form erhaltene barocke Gartentheater Mitteleuropas. Gespielt wird für Erwachsene und für Kinder. Auf der gegenüberliegenden Seite, zwischen Friedrich-Bouché-Weg und Fürstenallee, sieht man das **Freilicht-Puppentheater Sonnenhäusel** (1955). Hinter dem Palais steht ein rechteckiges **Bassin**, das Wasserfesten diente, und dort, wo die Hauptallee weiterläuft, die ovale **Üppigkeitsvase** (1722) mit Szenen aus dem Leben Alexanders des Großen. Am Südrand des Großen Gartens wurde 1881 eine weitere Kiesgrube zum **Carolasee** umgewandelt, auf dem Boot gefahren werden kann. Benannt ist der See nach der sächsischen Königin Carola.

Park Pillnitz – Der malerische Lustgarten von August dem Starken ⭐

CHARAKTERISTIK: Der Parkspaziergang führt durch den Lustgarten zu seltenen Pflanzen **DAUER:** etwa 2 Std. (ohne Besichtigung der Schlösser), Parkeintritt 2 € **LÄNGE:** ca. 3 km **ANFAHRT:** Die schönste Anreise nach Pillnitz ist die mit einem Schaufelraddampfer auf dem Wasserweg. Mit dem Bus ist Pillnitz von der Dresdner City mit der Linie 83 zu erreichen. Wer mit dem Pkw kommt, findet in der Nähe vom 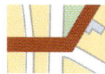 Ausgangspunkt dieses Spaziergangs Parkplätze **EINKEHRTIPP:** Restaurant des Schlosshotels Pillnitz, Tel. 26140, www.schlosshotel-pillnitz.de €€ **KARTE ▶ S. 87, S. 93, c 3**

Der Pillnitzer Park gehört zu den anmutigsten Kleinoden Dresdens. Jede Jahreszeit hält wunderschöne Bilder bereit. Der Spaziergang beginnt an der Alten Schlosswache, er führt in den **Lustgarten** mit Wasserbecken und Fontäne sowie dem **Wasser-** und dem spiegelgleich errichteten **Bergpalais**. Pillnitz war die Sommerresidenz der sächsischen Königsfamilie. Vom Lustgarten wird in den **Heckengarten** mit der **Roten Tritonengondel** spaziert, einer Schaluppe, die an die königlichen Prunkgondeln erin-

![Karte Park Pillnitz]

Hausberg-

Lohmener

Dresdner Str.

Chin. Pavillon

Chin. Teich

Berg-

Schul-

weg

weg

Chinesischer Garten

Palmen-haus

Flora

Hollländischer (Flora-) Garten

Pillnitzer Platz

Pirna ▶

◀ Dresden

Orangeriestr.

Englischer Pavillon

Orangerie

Engl. Teich

Jap. Kamelie

Koniferen-hain

Großer Schlossgarten

Bergpalais, Kunstgewerbe-mus. Dresden

P Alte Schlosswache

Englischer Garten

Rote Tritonengondel

Schloss-kapelle

Mai-Bahn

Sandsteinvase

Lustgarten

Neues Palais

Flieder-hof

Schlossmuseum

Heckengarten

Wasserpalais, Kunstgewerbe-mus. Dresden

Löwenkopf-bastei

Dampfschiff-

Str.

⚓ Weinberg-kirche

N

0   210 m ◀ *Elbe*

⚓ Anlegestelle der Raddampferflotte

Naturschutzgebiet Pillnitzer Elbinsel

© MERIAN-Kartographie

Diese originelle Figur schmückt eine der Prunkgondeln, in denen sich die sächsische Königsfamilie nach Pillnitz (▶ S. 87) rudern ließ.

nert, mit denen der Hof auf der Elbe angereist kam. An den Heckengarten schließt sich die **Maille-Bahn** an, eine ca. 700 m lange Kastanienallee. Das Maille-Spiel war im 18. Jh. ein beliebtes golfähnliches Spiel mit Holzkugeln. Abgeschlagen wurde dort, wo seit 1785 die Sandsteinvase steht.

Englischer Garten ▶
Großer Schlossgarten

Durch den **Englischen Garten**, führt der Weg um einen Teich zum Englischen Pavillon und zu einer dendrologischen Seltenheit in Europa: der **Japanischen Kamelie**. Sie ist das einzige von einst vier Exemplaren, die 1767 ein Schüler Lennés aus Japan mitgebracht hat und die drei Jahre später als Kübelpflanze nach Dresden kam. Von Februar bis April schmückt sie sich mit etwa 30 000 karminroten Blüten. Geschützt wird die Kamelie in der kalten Jahreszeit von einem gläsernen, 13,2 m hohen Haus, in dem die Temperatur, Luftfeuchtigkeit, Beschattung und Belüftung computergesteuert werden.

Weiter geht es zur **Orangerie**, die unter August dem Starken als Mittelbau bestand und nach den hier stattfindenden Spielen Ringrenngebäude genannt wurde. Ab 1799 gediehen hier, wie auch in den Ende des 19. Jh. angebauten Seitenflügeln, Orangenbäume und andere subtropische Pflanzen. Nördlich davon steht im **Holländischen** oder **Flora-Garten** das **Palmenhaus**. Den **Chinesischen Garten** zieren ein **Pavillon** (1804) und ein Teich. Durch den **Großen Schlossgarten**, als Schieß- und Reitbahn hinter dem Bergpalais angelegt, kehrt man zum Ausgangspunkt zurück.

Abstecher zur Weinbergkirche

Wer noch Zeit hat, steigt anschließend hinauf zur **Weinbergkirche** (1723–1725) von Matthäus Daniel Pöppelmann.

AUSFLÜGE IN DIE UMGEBUNG

Jagdschloss Moritzburg 🔟

CHARAKTERISTIK: Zu den beliebtesten und meistbesuchten Ausflugszielen von Dresden aus gehört das barocke Jagdschloss Moritzburg **DAUER:** Für die Fahrt nach Moritzburg und den Spaziergang mind. 6 Std. **LÄNGE:** ca. 40 km **ANFAHRT:** Autobahnanschlussstelle Wilder Mann der A 4, von dort sind es etwa 10 km; Parkmöglichkeiten finden sich in Moritzburg in Schlossnähe. Oder mit der S-Bahn bis Radebeul-Ost fahren und von dort weiter mit der Kleinbahn Lößnitzdackel **EINKEHRTIPP:** Churfürstliche Waldschaenke, Große Fasanenstr., Moritzburg, Tel. 03 52 07/86 00, www.waldschaenke-moritzburg.de €€ **AUSKUNFT:** Tourist-Information, Schlossallee 3b, 01468 Moritzburg; Tel. 03 52 07/85 40, www.moritzburg.de
KARTE ▶ S. 93, b 1

Sachsens Kurfürsten und Könige mochten die Moritzburger Landschaft, hier gingen sie mit Leidenschaft der Jagd nach. August der Starke ließ ein bescheidenes Jagdhaus, das sich Herzog Moritz Mitte des 16. Jh. hatte erbauen lassen, zu einem Barockschloss erweitern. In Ocker und Weiß, den Farben des sächsischen Barock, ist es weithin zu sehen. In dem Bauwerk mit vier Prunksälen und über 200 Räumen wohnten bis zum Ende des Zweiten Weltkriegs die Wettiner. Diana, der Göttin der Jagd, war der Schlossneubau gewidmet, in der Vergangenheit deshalb auch oft »Dianenburg« genannt.

Das Interieur der Schlossräume kündet von den künstlerischen und handwerklichen Leistungen des 17. und 18. Jh. Zu sehen sind vorwiegend Malerei, Plastik und Kunsthandwerk, darunter Meissener Porzellan, Lackmöbel sowie Gemälde von Lucas Cranach d. J. und Louis de Silvestre. Kulturhistorisch wertvoll sind **Ledertapeten**, die viele Räume der Moritzburg schmücken, darunter den **Audienz-** oder **Monströsesaal**. Die Ausstattung der großen Säle ist der höfischen Jagd gewidmet. Die **Sammlung der Rothirschgeweihe** gilt als eine der bedeutendsten der Welt, die mächtigsten hängen im Speisesaal, darunter das des »Großen Moritzburger 24-Enders«. Diese Trophäe stammt von einem vor über 300 Jahren erlegten Hirsch. Die protestantische **Schlosskapelle** (1661–1671) mit der Marmorstatue »Gegeißelter Christus« (1725) von Balthasar Permoser hatte der zum Katholizismus übergetretene August der Starke 1699 von katholischen Priestern ein zweites Mal weihen lassen. Rund um das Schloss ist in Stockwerkshöhe eine Terrasse vorgelagert, in deren Räumen sich im 18. Jh. Konditorei, Hofkellerei, Silberkammer, Pferdeställe und Wagenschuppen befanden.

Hinter Schloss Moritzburg gibt es das Waldareal, in dem acht Schneisen sternförmig auf das **Hellhaus** zulaufen. Auf dessen Dach standen einst die Höflinge und die Damen und beobachteten die Jagd. Das angefütterte Wild, das den Kurfürsten und Gästen vor die Flinten gejagt wurde, kam aus dem nahen **Wildgehege**. Bereits Kurfürst Johann Georg IV. ließ das

Im Bankettsaal des kurfürstlichen Jagd- und Lustschlosses Moritzburg (▶ S. 89) hängt eine imposante Sammlung von Jagdtrophäen.

Gehege Ende des 17. Jh. anlegen. Heute tummeln sich in der Anlage fast 200 Tiere, darunter Wildschweine, Elche und Waschbären. Für die Jagden waren Pferde erforderlich, die ab 1733 in geräumigen **Stallanlagen** standen, dem heutigen Sächsischen Landgestüt. Jedes Jahr im September eilen Tausende von Pferdeliebhabern aus ganz Deutschland nach Moritzburg, denn die seit 1929 stattfindenden Hengstparaden sind berühmt.

Im **Rüdenhof**, Meißner Str. 7, wird die expressionistische Grafikerin und Bildhauerin **Käthe Kollwitz** gewürdigt. Die Nationalsozialisten hatten sie mit Berufsverbot belegt. Der letzte in Moritzburg lebende Wettiner, Ernst Heinrich von Sachsen, lud die Künstlerin 1944 nach Moritzburg ein, um sie vor den besonders in Berlin drohenden Kriegsgefahren zu schützen. Der Rüdenhof ist die einzige erhalten gebliebene Aufenthalts-

stätte von Käthe Kollwitz, hier ist sie am 22. April 1945 verstorben.

Kulturlandschaft Moritzburg wird die Gegend um das Schloss genannt. Keines der Gewässer ist natürlichen Ursprungs, alle wurden künstlich angelegt. Bei der **Fasanenanlage**, die in der zweiten Hälfte des 18. Jh. erheblich erweitert wurde, entstand das zierliche **Fasanenschlösschen** (1769–1772). Am **Großteich** ließ König Friedrich August I. Anfang des 19. Jh. einen Hafen mit Mole und Leuchtturm anlegen, der in seiner ursprünglichen Form erhalten blieb. Auf dem Rückweg passiert man die bereits um 1770 erwähnte ehemalige »Churfuerstliche Waldschaenke«.

INFORMATIONEN
Schloss Moritzburg

www.schloss-moritzburg.de • April–Okt. tgl. 10–17.30, Nov.–März Di–So 10–18 Uhr • Eintritt 7 €, Kinder 3,50 €

Panoramafelsen Bastei

CHARAKTERISTIK: Von der Plattform der Bastei bietet sich der fabelhafteste Blick weit und breit über die Landschaft, der Felsen ist das meistbesuchte Ziel in der Sächsischen Schweiz **DAUER:** Tagesausflug **LÄNGE:** ca. 30 km **ANFAHRT:** mit einem Schiff der Raddampferflotte oder der S-Bahn bis Kurort Rathen, mit dem Auto über Pirna und Lohmen **EINKEHRTIPP:** Panoramarestaurant Bastei auf dem Basteifelsen, Tel. 03 50 24/77 90, www.bastei-berghotel.de € **AUSKUNFT:** TV Sächsische Schweiz e.V., Bahnhofstr. 21, Pirna, Tel. 0 35 01/47 01 47, www. saechsische-schweiz.de
KARTE ▶ S. 93, d 3

Sächsische Schweiz nennt sich der zu Deutschland gehörende 360 qkm große Teil des Elbsandsteingebirges, der mit seinen bizarren Sandsteinfelsen und engen Schluchten beeindruckende Ausblicke bietet. Der Name soll von den Schweizer Malern Adrian Zingg und Anton Graff stammen, die vor rund 200 Jahren beim Füllen ihrer Skizzenblöcke in den bizarren Formen der Felsen und den Stimmungen ihre Heimat erkannten. Zwei großen Abschnitten der einmaligen Landschaft verlieh die letzte DDR-Regierung noch im Jahr 1990 den höchsten Schutzstatus, sie wurden zum Nationalpark erklärt.

Im **Kurort Rathen** beginnt für all diejenigen der Aufstieg zum berühmten **Basteifelsen** (305 m), die mit einem Schiff auf der Elbe oder mit der S-Bahn angereist sind. »Die Bastey ist über die maßen schön, aber erst gült es hinauf zu gelangen«, hat der Maler Adrian Zingg um 1800 niedergeschrieben. Der Weg – wie alle anderen ist er gut gesichert – führt vorbei an der Felsengruppe Mönch zur **Felsenburg Neurathen**, einem mittelalterlichen, 170 m langen und 100 m breiten, im 15. Jh. geschleiften Rittersitz. Der zerklüftete Felsen trug einst Bauten aus Holz und Fachwerk, von denen sich keine erhalten haben. Das Burggelände mit in Sandstein gemeißelten Felsgemächern steht für die Besichtigung offen. Durch das Neurathener Felsentor führt der Weg über die 76 m lange und 3 m breite steinerne **Basteibrücke**, die seit 1851 die 40 m tiefe Mardertelle überspannt. Und dann ist er endlich erreicht: der nach vorn ragende Basteifelsen, der einen spannenden Blick auf die 192 m tiefer fließende Elbe bietet. Wie kleines Spielzeug schauen die Schiffe von der Höhe aus. Hoch ragt der **Lilienstein** (415 m) auf, der charakteristischste Tafelberg des Gebirges.

Nach dem Genuss dieser spektakulären Fluss- und Gebirgslandschaft, die die Bastei umgibt, hat auch der Abstieg einiges zu bieten: Von der Bastei über mehr als 700 Stufen in den **Amselgrund** führt durch die sogenannten **Schwedenlöcher**, eine klammartige Felsengasse, in die sich die Bevölkerung in Kriegszeiten flüchten konnte. Durch den Amselgrund plätschert der Grünbach, der dort, wo er über eine etwa 10 m hohe Felsstufe stürzt, **Amselfall** genannt wird. Am 1934 angelegten Amselsee vorbeiwandernd, einem romantischen Stausee, wird die von einer malerischen Steinkulisse umgebene **Felsenbühne Rathen** erreicht.

Sächsische Weinstraße

CHARAKTERISTIK: Freunde des Weins bereisen die Sächsische Weinstraße ebenso wie die Fans von Karl May oder Eisenbahnfreaks **DAUER:** Tagesausflug **LÄNGE:** ca. 50 km **ANFAHRT:** nach Radebeul mit der Straßenbahn 4 oder der S-Bahn, nach Diesbar-Seußlitz mit dem Fahrgastschiff auf der Elbe, mit dem Auto von Dresden auf dem rechtselbischen Ufer **EINKEHRTIPP:** Spitzhaus-Panoramarestaurant, Spitzhausstr. 36, Radebeul, Tel. 03 51/8 30 93 05, www.spitzhaus-radebeul.de €
AUSKUNFT: TV Sächsisches Elbland e.V., Fabrikstr. 16, 01662 Meißen, Tel. 0 35 21/7 63 50, www.elbland.de
KARTE ▸ S. 93, a/b 1/2

Um auf diese Region aufmerksam zu machen, entstand die von Pirna über Dresden, Radebeul und Meißen nach Diesbar-Seußlitz führende 55 km lange Sächsische Weinstraße. Die hier beschriebene Strecke verläuft von Dresden zum nördlichen Teil der Weinstraße, nach Radebeul, zum Spaargebirge und nach Diesbar-Seußlitz.

Hübsche Villen im Stil von Barock und Klassizismus sowie die Weinberge prägen das etwa 8 km lange Städtchen Radebeul, das mit Dresden zusammengewachsen ist. Inmitten von Rebstöcken steht das **Haus Hoflößnitz** (1648–1650), das sich die Wettiner als Berg- und Lusthaus erbauen ließen. Der original erhalten gebliebene Fachwerkbau hat ein **Weinbaumuseum** aufgenommen, in dem üppig ausgemalten Festsaal im Obergeschoss wird zu Konzerten und Lesungen geladen. In der kleinen **Schoppenstube** in einem der Hofgebäude werden Meißner Weine ausgeschenkt.

Gleich hinter dem Museum zieht sich Sachsens längste **Treppenanlage** (1747–1750) durch einen Weinberg, wer sie nach oben steigt, kommt zum Bismarckturm und der Gaststätte »Spitzhaus«. Jahrestreppe sagt der Volksmund zu der Anlage, weil sie

angeblich 365 Stufen hat. Doch wer genau zählt, kommt von der Straße Am Goldenen Wagen auf 395 Stufen. Um den touristisch geläufig gewordenen Namen Jahrestreppe nicht aufgeben zu müssen, wurde an der entsprechenden Stelle im unteren Treppenteil eine Tafel mit folgendem Text angebracht: »Damit der Volksmund Recht behält, wird künftig erst ab hier gezählt. Von hier an ist es wirklich wahr, bis oben hin ergibt's ein Jahr.«

Etwas abseits der Straße nach Meißen steht **Schloss Wackerbarth**, Deutschlands erstes Erlebnisweingut. Täglich werden Touren zu den Themen Sekt, Wein und Geschichte angeboten.

Nicht nur die Weinberge sind in Radebeul das Ziel, oft ist es der Name eines Mannes, der mit seinen fantastischen Geschichten Millionen Menschen fesselt: Karl May. Das brachte ihm schon zu Lebzeiten viel Geld ein, wovon er sich 1895 eine Gründerzeitvilla in der heutigen Karl-May-Str. 5 kaufte, der er den Namen »Villa Shatterhand« gab. 1928 wurde das Haus **Karl-May-Museum**. In einem Blockhaus im Garten, **Villa Bärenfett** genannt, wird heute die thematisch passende Ausstellung »Indianer Nordamerikas« gezeigt.

An der Nordseite des Bahnhofs Radebeul-Ost beginnt die 1884 eröffnete **Lößnitzgrundbahn**, eine 16,5 km lange Kleinbahnstrecke mit der Spurweite 750 mm. Über Moritzburg dampfen die Züge nach Radeburg. Bekannt wurde die Kleinbahn unter dem Namen Lößnitzdackel.

Nach Meißen mit der Sächsischen Winzergenossenschaft, werden die **Proschwitzer Höhen** erreicht. Weinberge und alte Steinbrüche prägen das Landschaftsbild, denn im 19. Jh. blühte hier der Granitabbau. Dann ist das bekannteste Weindorf der Region erreicht: **Diesbar-Seußlitz**.

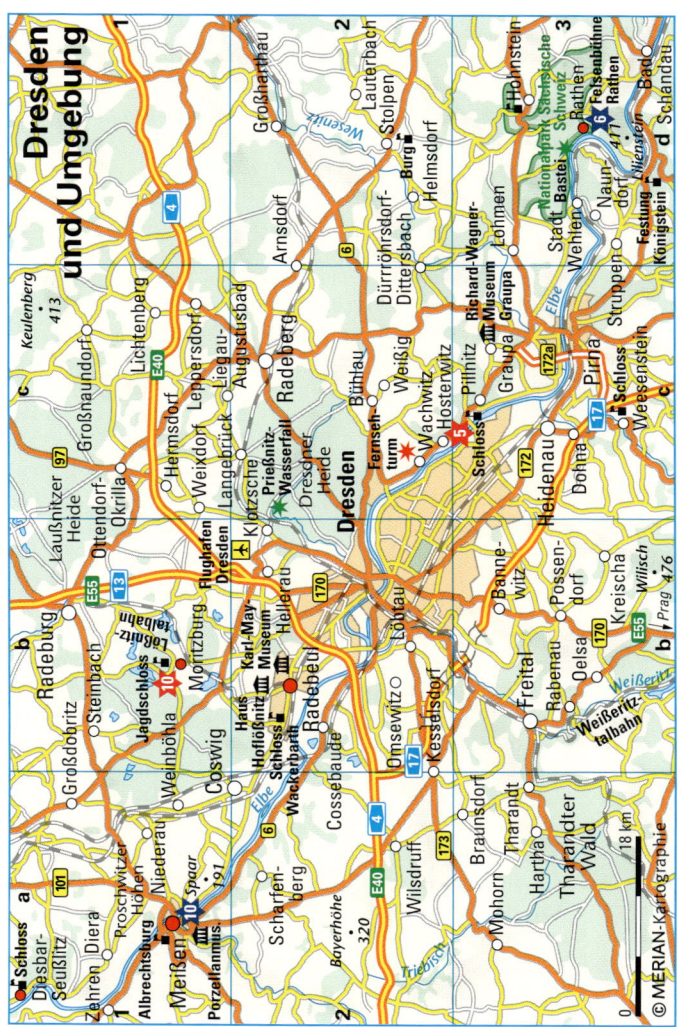

© MERIAN-Kartographie

Der Ort hat aber durchaus mehr als nur Weinberge zu bieten. Der berühmte Baumeister der Dresdner Frauenkirche, George Bähr, hat hier beispielsweise das **Barockschloss** (um 1725) geschaffen. In seiner ursprünglichen Gestalt blieb leider nur der vorwiegend im französischen Stil angelegte **Schlossgarten** erhalten. Von George Bähr stammt ebenfalls die an das Schloss angebaute Kirche, die vier Sandsteinfiguren auf der Parkseite vor der Kirche hingegen stammen aus der Werkstatt von Balthasar Permoser. Im kleinen Gartenhaus auf der Anhöhe gegenüber von Kirche und Schloss, **Heinrichsburg** genannt, bekamen einst die illustren Gäste der Schlossbesitzer den Nachmittagstee gereicht.

INFORMATIONEN
Schloss Wackerbarth
Tel. 03 51/8 95 50 •
www.schlosswackerbarth.de

Porzellanstadt Meißen

CHARAKTERISTIK: Meißen kennt die Welt durch das Porzellan mit den blauen Schwertern. Eine Reise hierher gehört für viele zum Dresden-Besuchsprogramm **DAUER:** Tagesausflug **LÄNGE:** ca. 20 km **ANFAHRT:** mit der S-Bahn oder einem Fahrgastschiff auf der Elbe bzw. mit dem Auto von Dresden auf der B 6 **EINKEHR-TIPP:** Restaurant Vincenz Richter, An der Frauenkirche 12, Meißen, Tel. 0 35 21/ 45 32 85, www.vincenz-richter.de €€–€€€ **AUSKUNFT:** Tourist-Information, Markt 3, 01662 Meißen, Tel. 0 35 21/4 19 40, www.touristinfo-meissen.de
KARTE ▶ S. 95

Wahrzeichen von Meißen, das zum großen Teil sein mittelalterliches Aussehen bewahren konnte, bildet der Burgberg mit dem großartigen Bauensemble von Albrechtsburg und Dom. Der Weg dorthin führt zunächst zum Heinrichsplatz mit dem 1863 aufgestellten **Heinrichsbrunnen** und weiter zum **Markt**, den beachtenswerte Bauten aus Gotik und Renaissance umgeben. Im Turm der dreischiffigen **Frauenkirche** (15./16. Jh.) an der südwestlichen Marktplatzecke hängt das erste spielbare **Porzellanglockenspiel** der Welt (1929), das aus 37 Glocken aus Meissener Porzellan besteht. Über die Burgstraße, Schlossstufen und die Schlossbrücke (um 1225) erreicht man den **Burgberg**. Um den Dom und die Albrechtsburg gruppieren sich Bischofsschloss, Domherrenhöfe und Kornhaus. Der frühgotische **Dom** (13./15. Jh.) besitzt eine Ausstattung, die zum Wertvollsten gehört, was Sachsen an Kunst zu bieten hat.

Die **Albrechtsburg** (1471–1525), direkt an den Dom angebaut, war Mitteleuropas erste schlossartige Residenz. Heute gilt sie als einer der wichtigsten gotischen Profanbauten Deutschlands. Die Burg besitzt, was im ausgehenden Mittelalter noch unüblich war: klare Fassaden mit hellen großen Fenstern und Räume von großzügigem Zuschnitt. An der Hofseite beeindruckt die Treppenkonstruktion des Großen Wendelsteins.

Von der Albrechtsburg aus wollten die wettinischen Brüder Ernst und

Albrecht das ihnen gehörende Sachsen und Thüringen regieren. Eine Landesteilung und die Verlegung der Residenz durch Albrecht nach Dresden vereitelte dieses Vorhaben, sodass die Burg nie Regierungssitz war. Die prachtvolle Ausmalung der Räume erfolgte etwa zwischen 1873 und 1882 im damals modernen historisierenden Stil.

Von den **Domherrenhäusern** gehört die ehemalige 600 Jahre alte **Dompropstei** (Haus Nr. 7) wohl zu den schönsten spätgotischen Gebäuden Meißens.

Im Frühjahr 1710 rumpelte ein Reisewagen in den Burghof, Johann Friedrich Böttger kam an, der mit Tschirnhaus das europäische Porzellan erfunden hatte, um auf Geheiß von August dem Starken auf der Albrechtsburg die **Porzellanmanufaktur** einzurichten. Durch ihre Lage konnte sie weitgehend abgeschirmt werden. 1864 zog diese hinunter ins Triebischtal in die noch heute genutzten Werkanlagen. Dort ist die Porzellanherstellung nach wie vor Handarbeit. Zur **Erlebniswelt Haus Meissen** gehören ein Porzellanmuseum und Schauwerkstätten (▸ MERIAN-Tipp, S. 72).

INFORMATIONEN

Albrechtsburg

Meißen, Domplatz 1 • www.albrechtsburg-meissen.de • S-Bahn, Elbeschifffahrt • März–Okt. tgl. 10–18, Nov.–Feb. bis 17 Uhr • Eintritt 8 €, Kinder 4 €

Ob mit dem roten Doppeldeckerbus, der Straßenbahn oder dem Schiff: Eine Stadtrundfahrt (▶ S. 104) lohnt immer.

Wissenswertes
über Dresden

Nützliche Informationen für einen gelungenen Aufenthalt: Fakten über Land, Leute und Geschichte sowie Reisepraktisches von A–Z.

Auf einen Blick

Mehr erfahren über Dresden – Informationen über Land und Leute, von Bevölkerung über Politik und Religion bis Wirtschaft.

BEVÖLKERUNG: 96 % Deutsche, 4 % Ausländer
EINWOHNER: 517 200
FLÄCHE: 328,31 qkm
INTERNET: www.dresden.de
RELIGION: 15 % evangelisch-lutherisch, 5 % katholisch
VERWALTUNG: Landeshauptstadt des Freistaates Sachsen, aufgegliedert in 19 Ortsämter

Bevölkerung

Die Bevölkerung der Stadt ist, bedingt durch bedeutende Ereignisse, starken Schwankungen unterworfen. 1933 zählte Dresden 649 000 Einwohner, 1990, im Jahr der deutschen Einheit, waren es 493 000, gegenwärtig sind es rund 517 000. Im Gegensatz zu vielen anderen ostdeutschen Städten hat Dresden seit 1998 keinen Bevölkerungsschwund zu verzeichnen. Auf 1 qkm kommen 1542 Einwohner. Der Ausländeranteil beträgt 3,9 %.

Lage und Geografie

Die sächsische Landeshauptstadt liegt im südöstlichen Teil des Freistaates Sachsen. Die nördliche Breite beträgt 51 Grad, 2 Min., 55 Sek., die östliche Länge 13 Grad, 44 Min., 29 Sek. Der Elbpegel befindet sich 102,73 m über NN, der Altmarkt 113 m über NN. Höchster Punkt ist mit 383 m über NN der Triebenberg, der tiefste Punkt befindet sich mit 101 m über

◄ Attraktives Dresden: Die Stadt hat keinen Bevölkerungsschwund zu beklagen.

NN in Cossebaude. Die Stadtgrenze hat einen Umfang von 139,65 km.
Dresden zählt mit 62 % Wald- und Grünfläche zu den grünsten Städten Europas. Zu den Parkanlagen gehören solche auch international bekannte wie der Große Garten und der Schlosspark Pillnitz. Zahlreiche historische Anlagen konnten in den vergangenen Jahren durch umfangreiche, aufwendige Arbeiten bedeutend an Qualität gewinnen. Die Elbe umsäumen breite Wiesen und sanfte Weinhänge, das Überschwemmungsgebiet der Elbe beträgt bei einem Wasserstand von 9,24 m rund 250 qkm. Die Elbe durchfließt das Stadtgebiet auf etwa 30 km. Bei einer mittlere Breite des Flusses von 113 m hat die Fahrrinne bei Mittelwasser eine Tiefe von 1,90 m. Innerhalb der Stadtgrenzen gibt es neun Brücken, die umstrittene, noch nicht fertiggestellte Waldschlösschenbrücke nicht mitgerechnet.
Durch das Stadtgebiet führen außer der schiffbaren Elbe die beiden im Osterzgebirge entspringenden linken Nebenflüsse Weißeritz und Lockwitzbach sowie die rechts zufließende Prießnitz. Daneben fließen auf dem Stadtgebiet noch kleinere Flüsse wie der Kaitzbach oder der Lausenbach. In der Stadt befinden sich rund 48 000 Straßenbäume, es gibt etwa 300 Brunnen und Wasserspiele.

Politik

Dresden ist seit 1990 Landeshauptstadt des wiedergegründeten Freistaates Sachsen. Bei der Stadtratswahl im Juni 2008 konnte die CDU 31,3 % der Stimmen erringen, gefolgt von der Partei Die Linke mit 16,25 %, den Grünen mit 15,42 %, der SPD mit 12,25 % und der FDP mit 12,12 %. Die Wahlbeteiligung betrug 49 %. Die 70 Stadträte werden für eine Amtszeit von fünf Jahren gewählt. Bei der Oberbürgermeisterwahl ebenfalls im Juni 2008 errang Helma Orosz (CDU) 64 % der Stimmen, die Wahlperiode beträgt sieben Jahre.

Religion

Der überwiegende Teil der Einwohner ist konfessionslos. Etwa 15 % sind protestantisch und etwa 5 % katholisch.

Wirtschaft

Dresden stellt einen der modernsten Hightech-Standorte mit besonderen Kompetenzen in der Mikro-Elektronik, der Informations- und Kommunikationstechnik sowie der Biotechnologie dar. Bedeutung haben außerdem der Maschinen- und Anlagenbau, der Fahrzeugbau sowie der Tourismus. Jährlich verzeichnet die Stadt etwa 10 Mio. Gäste, 1,6 Mio. von ihnen übernachten in Dresden, sie bleiben im Durchschnitt 2,1 Tage. Der Anteil der ausländischen Gäste beträgt 18,1 %.
1200 Unternehmen, die mehr als 40 000 Mitarbeiter beschäftigen, machen Dresden zum größten europäischen Cluster im Bereich der Mikro-Elektronik/Informations- und Kommunikationstechnologie. Die Technische Universität ist die größte Universität Sachsens, ferner gibt es die Hochschule für Technik und Wirtschaft, die Hochschule für Musik »Carl Maria von Weber« sowie die Hochschule für Kirchenmusik.

Geschichte

1206

Dresden ist zum ersten Mal in einer Urkunde genannt.

1403

Altendresden, die heutige Innere Neustadt, bekommt das Stadtrecht verliehen.

1485

Die Brüder Ernst und Albrecht teilen Sachsen auf, Dresden wird ständige Residenz der albertinischen Linie der Wettiner.

1491

Ein Brand vernichtet mehr als die Hälfte der Stadt, daraufhin schreibt eine neue Bauordnung vor: Eckhäuser und die Fronten bis zum ersten Stock sind aus Stein zu errichten, die Dächer müssen mit Ziegeln gedeckt werden.

1539

Mit einem Gottesdienst in der Kreuzkirche wird die Reformation in Dresden und Sachsen eingeführt.

1547

Herzog Moritz bekommt die Kurwürde verliehen, Sachsen ist der bedeutendste protestantische Staat Deutschlands.

1685

Ein Großbrand vernichtet Altendresden fast vollständig; Wiederaufbau der »Neuen Stadt bey Dresden« (später kurz Neustadt).

1694

Friedrich August I., später der Starke genannt, wird nach dem plötzlichen Tod seines kinderlosen Bruders Kurfürst.

1697

August der Starke konvertiert zum Katholizismus, als August II. erwirbt er die polnische Krone.

1709

Johann Friedrich Böttger erfindet nach jahrelanger Forschung das weiße europäische Porzellan.

1710

Beginn der Bauarbeiten am Zwinger, die bis 1732 dauern.

1732

Altendresden wird erstmals als Neue Königstadt bezeichnet, der linkselbische Stadtteil daraufhin Altstadt genannt.

1733

Tod Augusts des Starken, die Nachfolge als Kurfürst tritt sein Sohn Friedrich August II. an, der noch im selben Jahr als August III. zum König von Polen gekrönt wird.

1806

Sachsen wird Königreich.

1831

Nach den Unruhen der Jahre 1830/31 erhält Sachsen seine erste Verfassung, die umfangreichen Kunstsammlungen gehen in Staatsbesitz über.

1839

Eröffnung der ersten deutschen Eisenbahnfernverbindung zwischen Dresden und Leipzig.

1843

Richard Wagner wird zum Hofkapellmeister ernannt.

1862

Die erste Zigarettenfabrik Deutschlands beginnt in Dresden mit der Produktion.

1910

Die erste Bergschwebebahn der Welt wird in Dresden-Loschwitz in Betrieb genommen.

1905

Die Künstlervereinigung »Brücke«, ein Zusammenschluss von Expressionisten, entsteht.

1908

Gründung der Gartenstadt Hellerau mit den Deutschen Werkstätten und dem Festspielhaus.

1912

Der weltberühmte Zirkus Sarassani bekommt ein festes Haus, das kurz vor Ende des Zweiten Weltkrieges zerstört wird.

1918

Der König dankt ab, Dresden wird in der Folge Hauptstadt des Freistaates Sachsen.

1945

Vom 13. bis zum 15. Feb. kommen bei den Angriffen britischer und amerikanischer Bomber mindestens 25 000 Menschen ums Leben, die Innenstadt und angrenzende Teile werden völlig zerstört.

1952

Die Länder werden in der DDR aufgelöst, Dresden wird Bezirksstadt.

1953

Der Neuaufbau des Zentrums beginnt an der Westseite des Altmarkts.

1985

Wiedereröffnung der Semperoper mit Webers »Freischütz« nach ihrer Zerstörung im Zweiten Weltkrieg.

1989

Friedliche Revolution auch in Dresden, die das DDR-Ende einleitet.

1990

Freie und demokratische Wahlen nach über 40 Jahren, Dresden wird Landeshauptstadt des Freistaates Sachsen.

2000

Das 8 m hohe, in England gefertigte Kuppelkreuz für die Frauenkirche wird als »Gabe des britischen Königreiches« feierlich übergeben.

2002

Die ersten Luxusautos verlassen die Gläserne Manufaktur von VW. Ein verheerendes Hochwasser richtet in Dresden, der Sächsischen Schweiz und im Elbland riesige Schäden an.

2003

Erstmals nach fast 60 Jahren läuten in der Frauenkirche wieder Glocken.

2005

Am 30. Oktober erfolgt die Weihe der aus Ruinen wiederentstandenen Frauenkirche.

2009

Die UNESCO streicht das Dresdner Elbtal wegen des Baus der umstrittenen Waldschlösschenbrücke aus der Welterbeliste.

Reisepraktisches von A–Z

ANREISE

MIT DEM AUTO

Über die A4 und A13 sowie aus Richtung Prag auf der A17 ist Dresden gut zu erreichen.

MIT DER BAHN

Verbindungen bestehen von allen größeren deutschen sowie vielen europäischen Städten. Bequem ist die Anreise aus der Schweiz und den Niederlanden mit den Nachtreisezügen von City Night Line. Von Zürich über Basel, Freiburg, Karlsruhe, Mannheim und Frankfurt/Main geht es direkt nach Dresden. Auf der Strecke Amsterdam–Dresden kann u. a. in Utrecht, Duisburg, Düsseldorf, Köln, Dortmund, Bielefeld und Berlin zugestiegen werden. Alle Züge kommen am Hauptbahnhof an.
Information: Deutsche Bahn • Tel. 0 18 05/99 66 33 (gebührenpflichtig) • www.bahn.de, www.citynightline.de

MIT DEM BUS

Alle größeren Reiseveranstalter bieten Pauschalreisen nach Dresden an. Linien-Fernbusse fahren regelmäßig in die Elbestadt: von Berlin, Prag, Düsseldorf mit Halt in Duisburg, Essen, Bochum, Dortmund, Hamm, Gütersloh, Bielefeld sowie Stuttgart mit Einstiegen in Würzburg, Schweinfurt, Bamberg, Hof und Chemnitz.

MIT DEM FLUGZEUG

Von vielen nationalen und internationalen Flughäfen ist Dresden direkt erreichbar. Der Flughafen, 9 km nördlich vom Stadtzentrum, hat ein modernes Terminal, das als »Terminal der kurzen Wege« gilt.

Auf www.atmosfair.de und www.myclimate.org kann jeder Reisende durch eine Spende für Klimaschutzprojekte für die CO_2-Emission seines Fluges aufkommen.

MIT DEM SCHIFF

Die Sächsische Dampfschifffahrt fährt von der Sächsischen Schweiz, Diesbar-Seußlitz und Meißen im Sommer regelmäßig nach Dresden.
Auskunft: Tel. 8 66 09 40 • www.saechsische-dampfschiffahrt.de

AUSKUNFT

FÜR DRESDEN

Touristeninformation
www.dresden.de
– Altstadt • Schössergasse 23 • Straßenbahn: Altmarkt • Tel. 50 16 01 60 • Mo–Fr 10–19, Sa 10–18, So 10–15 Uhr ▶ S. 109, D 4
– Südvorstadt • im Hauptbahnhof (in der Kuppelhalle) • Straßenbahn: Hauptbahnhof • tgl. 9–19 Uhr ▶ S. 114, C 14

FÜR DIE UMGEBUNG

Tourismusverband Sächsisches Elbland e. V. ▶ S. 93, a 1
Fabrikstr. 16, 01662 Meißen • Tel. 0 35 21/7 63 50 • www.elbland.de

Tourismusverband Sächsische Schweiz e. V. ▶ S. 93, c 3
Bahnhofstr. 21/22, 01796 Pirna • Tel. 0 35 01/47 01 47 • www.saechsische-schweiz.de

BUCHTIPPS

Gabriele Hoffmann: Constantia von Cosel und August der Starke (Bastei Lübbe, 1988) Diese Doppelbiografie über August den Starken und die schöne und kluge Anna Constantia von Brockdorff, die Mätresse des Kurfürsten, die zur ersten Dame des Dresdner Hofs avancierte, ist ein interessantes Zeitdokument.

Erich Kästner: Als ich ein kleiner Junge war (Deutscher Taschenbuch Verlag, 2003) Der gebürtige Dresdner Erich Kästner schreibt über seine Kindheitserinnerungen.

Wolfgang Stumph und Norbert Weiß: Sächsische populäre Irrtümer (be.bra verlag, 2007) Ein amüsanter Streifzug durch die sächsische Vergangenheit und Gegenwart mit Deutschlands beliebtestem Sachsen, dem Kabarettisten und Schauspieler Stumphi.

Uwe Tellkamp: Der Turm (Suhrkamp, 2008) Der Dresdener Uwe Tellkamp erzählt in seinem preisgekrönten Roman von den Bewohnern eines Dresdener Villenviertels in den späten1980er-Jahren der DDR, den Konflikten zwischen Anpassung und Aufbegehren, die letztendlich zur friedlichen Revolution führten.

Zu Dresden ist außerdem ein **MERIAN** *Reiseführer* (TRAVEL HOUSE MEDIA, 2007) erhältlich.

DIPLOMATISCHE VERTRETUNGEN
Österreichisches Honorarkonsulat ▸ S. 109, E 4
Altstadt • An der Frauenkirche 12 • Straßenbahn, Bus: Universitätsklinikum • Tel. 4 81 70 40

Schweizerisches Konsulat ▸ S. 108, C 1
Altstadt • Könneritzstr. 11 • Straßenbahn: Bf. Mitte • Tel. 43 83 29 90

FEIERTAGE
1. Jan. Neujahr
Karfreitag
Ostermontag
1. Mai Tag der Arbeit
Christi Himmelfahrt
Pfingstmontag
3. Okt. Tag der Deutschen Einheit
31. Okt. Reformationstag
Buß- und Bettag
25. Dez. 1. Weihnachtsfeiertag
26. Dez. 2. Weihnachtsfeiertag

INTERNET
www.dresden.de
Offizielle Website der sächsischen Landeshauptstadt mit aktuellen Informationen und vielen Links, darunter einem zum Tourismus.
www.vvo-online.de
Mobilitätsportal für Dresden und die Region.
www.dresden-neustadt.de
Cityportal mit Informationen rund um die Dresdner Neustadt.
www.dresden-online.de
Stadtinformationsmagazin mit Kulturtipps, Hotels und vielem mehr.
www.meissen.com
Fast alles, was man über die Porzellanmanufaktur Meissen wissen will.
www.elbland.de
Vieles über Meißen, Moritzburg und die Ferienregion Sächsisches Elbland
www.saechsische-schweiz.de
Touristische Informationen über das Elbsandsteingebirge südöstlich von Dresden.

MEDIZINISCHE VERSORGUNG
KRANKENVERSICHERUNG
Für Österreicher und Schweizer ist an und für sich die Vorlage einer Europäischen Krankenversicherungskarte (EHIC) ausreichend. Als zusätzlicher Versicherungsschutz empfiehlt sich der Abschluss einer Auslandskrankenversicherung, da diese Krankenrücktransporte mitversichert.

KRANKENHAUS
Universitätsklinikum
Carl Gustav Carus   ▸ S. 110, C 8
Blasewitz • Fetscherstraße 74 •
Straßenbahn, Bus: Universitätsklini-
kum • Tel. 03 51/45 80 • www.uni
klinikum-dresden.de

APOTHEKEN UND ÄRTZE
Ein Ansagedienst über Ärzte- und
Apothekenbereitschaft ist unter Tel.
01 15 00 erreichbar.

NOTRUF
Euronotruf Tel. 1 12
(Polizei, Feuerwehr, Rettungsdienst)

POST
Briefmarken erhält man in den Filia-
len der Deutschen Post. Eine Post-
karte nach Österreich und in die
Schweiz kostet 0,75 €.

REISEDOKUMENTE
Österreicher und Schweizer können
mit einem gültigen Reisepass oder
Personalausweis (Identitätskarte)
einreisen. Kinder unter 16 Jahren
müssen im Pass eines Elternteils ein-
getragen sein oder benötigen einen
Kinderausweis bzw. Kinderreisepass.

REISEWETTER
Dresden gehört zu den wärmsten
Städten Deutschlands. Zu den
schönsten Reisemonaten zählen die
Monate Mai bis September.

STADTRUNDFAHRTEN
MIT DEM BUS
Live moderierte Rundfahrten durch
die Altstadt, die Neustadt und an der
Elbe entlang im Roten Doppeldeckerbus. Dauer 1,5 Std.
Abfahrt Wilsdruffer Str./Stadtmu-
seum • Straßenbahn: Altmarkt • tgl.
mehrere Abfahrten • Tel. 4 94 04 04 •
www.stadtrundfahrt-dresden.de •
Ticket 15 €, Kinder frei

Die Dresdner Verkehrsbetriebe bieten die **Original-Entdecker-Tour**
einschl. Fahrt mit der Standseilbahn
(Dauer ca. 2,5 Std.) und Rückfahrt
mit einem historischen Raddampfer.
Abfahrt Wilsdruffer Str. (Höhe Stadtmuseum) • Straßenbahn: Altmarkt •
www.dvb.de • April–Okt. So–Fr 10.15,
14.15, Sa 16.15, Mai–Sept. auch
12.15 Uhr • Ticket 25 €, Kinder 6 €

Die **Große Stadtrundfahrt** mit 22
Haltestellen inkl. Zwinger-, Fürsten-
zugführung, Besuch der Pfunds Molkerei. Das Ticket gilt den ganzen Tag,
bei Abfahrten nach 16 Uhr auch am
nächsten Tag.
Abfahrt Theaterplatz/Augustus-
brücke • Straßenbahn: Theaterplatz •
Tel. 8 99 56 50 • www.stadtrundfahrt.

Mittelwerte	JAN	FEB	MÄR	APR	MAI	JUN	JUL	AUG	SEP	OKT	NOV	DEZ
Tages-temperatur	1	3	8	14	18	23	24	24	20	14	7	3
Nacht-temperatur	-3	-3	0	4	8	12	14	13	10	6	2	-1
Sonnen-stunden	2	3	4	5	6	7	7	7	6	4	2	2
Regentage pro Monat	9	9	8	10	11	11	10	9	8	9	9	11

com • tgl. 9.30–17 Uhr alle 30 Min. • Ticket 20 €, Kinder frei

MIT DEM SCHIFF

Ein historischer Schaufelraddampfer startet am Terrassenufer und fährt zur Brücke »Blaues Wunder« und zurück.
Straßenbahn: Theaterplatz oder Synagoge • Tel. 86 60 90 • www.saechsische-dampfschiffahrt.de

MIT DER STRASSENBAHN

Wer auf eigene Faust eine Stadtrundfahrt unternehmen möchte, setzt sich in die Linie 4, inoffiziell als **Kulturlinie** bezeichnet. Die mit 30 km längste Straßenbahnlinie Dresdens verbindet Laubegast mit Weinböhla und bietet Kultur und Wein.
Die Linie 9 dagegen heißt **Einkaufslinie**, da sie zwischen den beiden großen Einkaufszentren der Stadt, dem Elbe-Park im Nordwesten und dem Kaufpark Nickern im Südosten verkehrt. Mit der 9 sind aber auch die Prager Straße, die Altmarkt Galerie sowie die Hauptstraße in der Neustadt zu erreichen.

ZU FUSS

Thematische Führungen bietet **Igeltour Dresden**, z.B. »Dresden klassisch«, »In Szene gesetzt« sowie zu Kunst, Literatur, Architektur, Zeitgeschichte oder Weinwanderungen.
Neustadt • Pulsnitzer Str. 10 • Tel. 03 51/8 04 45 57 • www.igeltour-dresden.de

TELEFON
VORWAHLEN

A, CH ▸ D 00 49
D ▸ A 00 43
D ▸ CH 00 41
Dresden 03 51

NEBENKOSTEN

Tasse Kaffee . . . . 1,70 €
0,3 Ltr. Bier . . . . 2,00 €
Bratwurst mit Brötchen . . . . . . 1,90 €
Kugel Eis . . . . 0,80 €
Fahrrad/Tag ab . . . . 7,00 €
Mietwagen/Tag ab . . . . 60,00 €

TIERE

Hunde und Katzen aus Österreich und der Schweiz benötigen zur Einreise einen EU-Heimtierausweis bzw. Schweizer Heimtierausweis (stellt der Tierarzt aus) mit Nachweis einer Tollwutimpfung. Das Tier muss durch einen Mikrochip identifizierbar sein. Für Schweizer Hunde und Katzen ist zusätzlich eine Gesundheitsbescheinigung erforderlich, die ebenfalls der Tierarzt ausstellt.

VERKEHR
AUTO

Autofahrer müssen beiderseits der Elbe Fußgängerzonen berücksichtigen. Eine Umweltzone wird Dresden nicht einführen, sondern mit einem Paket von Maßnahmen dafür sorgen, dass der Grenzwert für Feinstaub eingehalten wird.

BERGBAHNEN

Im Stadtgebiet, von Loschwitz aus, verkehren zwei **Bergbahnen**: die Standseilbahn zum Weißen Hirsch und die Schwebebahn nach Oberloschwitz.

BUS UND STRASSENBAHN

Es fahren 12 **Straßenbahn-** und 28 innerstädtische **Buslinien**. Fahrscheine müssen vor Fahrtantritt erworben werden. Ein Einzelticket für eine Tarifzone und maximal eine

Stunde kostet z.Zt. 2 €, für Kinder 1,40 €. Günstiger fährt man mit einer Tageskarte für eine Tarifzone für 5 €, Kinder und Senioren zahlen dafür nur 4 €. Mit der Familien-Tageskarte für 6,50 € dürfen zwei Erwachsene und bis zu vier Kinder 24 Stunden lang fahren.
Info: Tel. 8 57 10 11 • www.dvb.de

FÄHREN

Drei **Fähren** setzen über die Elbe: Die Autofähre und Personenfähre Kleinzschachwitz–Pillnitz, die Personenfähre Tolkewitz–Niederpoyritz und die Personenfähre Johannstadt–Neustadt.

MIETWAGEN

In Dresden sind alle internationalen Autovermieter vertreten.

ADAC-Autovermietung

▶ S. 114, C 14

Südvorstadt • Am Hauptbahnhof 4 • Straßenbahn, Bus: Hauptbahnhof • Tel. 4 70 70 78, www.adac.de

REGIONALER BUSVERKEHR

Der regionale **Busverkehr** bringt seine Fahrgäste auf 70 Linien in die Umgebung.
Auskunft: Tel. 01 80/22 66 22 66 • www.vvo-online.de

S-BAHN

Die S-Bahn-Linie 1 fährt entlang der Elbe nach Meißen und in die Sächsische Schweiz mit Halt u. a. in Pirna, Stadt Wehlen, Kurort Rathen, Königstein, Bad Schandau und Schöna. Linie 2 führt vom Dresdner Flughafen nach Pirna, Linie 3 von Dresden Hauptbahnhof nach Tharandt.
Info-Hotline 8 52 65 55 • www.vvo-online.de

SCHIFF

Ein besonderes Erlebnis ist eine Schiffsreise auf der Elbe. Die **Sächsische Dampfschifffahrt** fährt zum Teil mit historischen Raddampfern stromabwärts nach Meißen und Diesbar-Seußlitz, stromaufwärts nach Pillnitz, in die Sächsische Schweiz und weiter bis in die Tschechische Republik.
Auskunft: Tel. 86 60 90 • www.saechsische-dampfschiffahrt.de

ZEITUNGEN

Viele Veranstaltungshinweise, die für Besucher interessant sind, sind im Stadtmagazin »SAX« zu finden (www.cybersax.de). Die beiden in Dresden erscheinenden Tageszeitungen »Sächsische Zeitung« (www.sz-online.de) und »Dresdner Neueste Nachrichten« (www.dnn-online.de) erscheinen von Montag bis Samstag, die Boulevardzeitung »Dresdner Morgenpost« ist täglich zu haben.

ZOLL

Reisende aus Österreich dürfen Waren abgabenfrei mit nach Hause nehmen, wenn diese für den privaten Gebrauch bestimmt sind. Bestimmte Richtmengen sollten jedoch nicht überschritten werden (z.B. 800 Zigaretten, 90 l Wein, 10 kg Kaffee). Weitere Auskünfte unter www.bmf.gv.at/zoll.
Reisende aus der Schweiz dürfen Waren im Wert von 300 SFr abgabenfrei mit nach Hause nehmen, wenn diese für den privaten Gebrauch bestimmt sind. Tabakwaren und Alkohol fallen nicht unter diese Wertgrenze und bleiben in bestimmten Mengen abgabenfrei (z.B. 200 Zigaretten, 2 l Wein). Weitere Auskünfte unter www.zoll.ch.

Kartenatlas
Maßstab 1:12 500

Legende

Spaziergänge

○—→● Brühlsche Terrasse (S. 80)
○—→● Villenviertel Weißer Hirsch (S. 83)
○—→● Der große Garten (S. 85)
○—→● Park Pillnitz (S. 87)

Sehenswürdigkeiten

⑩ MERIAN-TopTen
⑩ MERIAN-Tipp
▨□* Sehenswürdigkeit, öffentl. Gebäude
✳ Sehenswürdigkeit Natur
⚲ Kirche
⚑ Schloss, Burg
✡ Synagoge
🏛 Museum
Å Denkmal

Verkehr

═══ Autobahn
═══ Autobahnähnliche Straße
─── Fernverkehrsstraße
─── Hauptstraße
─── Nebenstraße
▨ Fußgängerzone
P Parkmöglichkeit
Ⓑ Ⓗ Busbahnhof; Bushaltestelle
Ⓢ S-Bahn
DB Bahnhof
⚓ ⊤ Schiffsanleger
✈ Flughafen
⊕ Flugplatz
•—• Seilbahn, Sessellift
– – – Personenfähre

Sonstiges

🛈 Information
☺ Theater
⚖ Markt
🐘 Zoo
▢ Botschaft, Konsulat
✺ Aussichtspunkt
Weinanbaugebiet
† † † Friedhof
National-, Naturpark

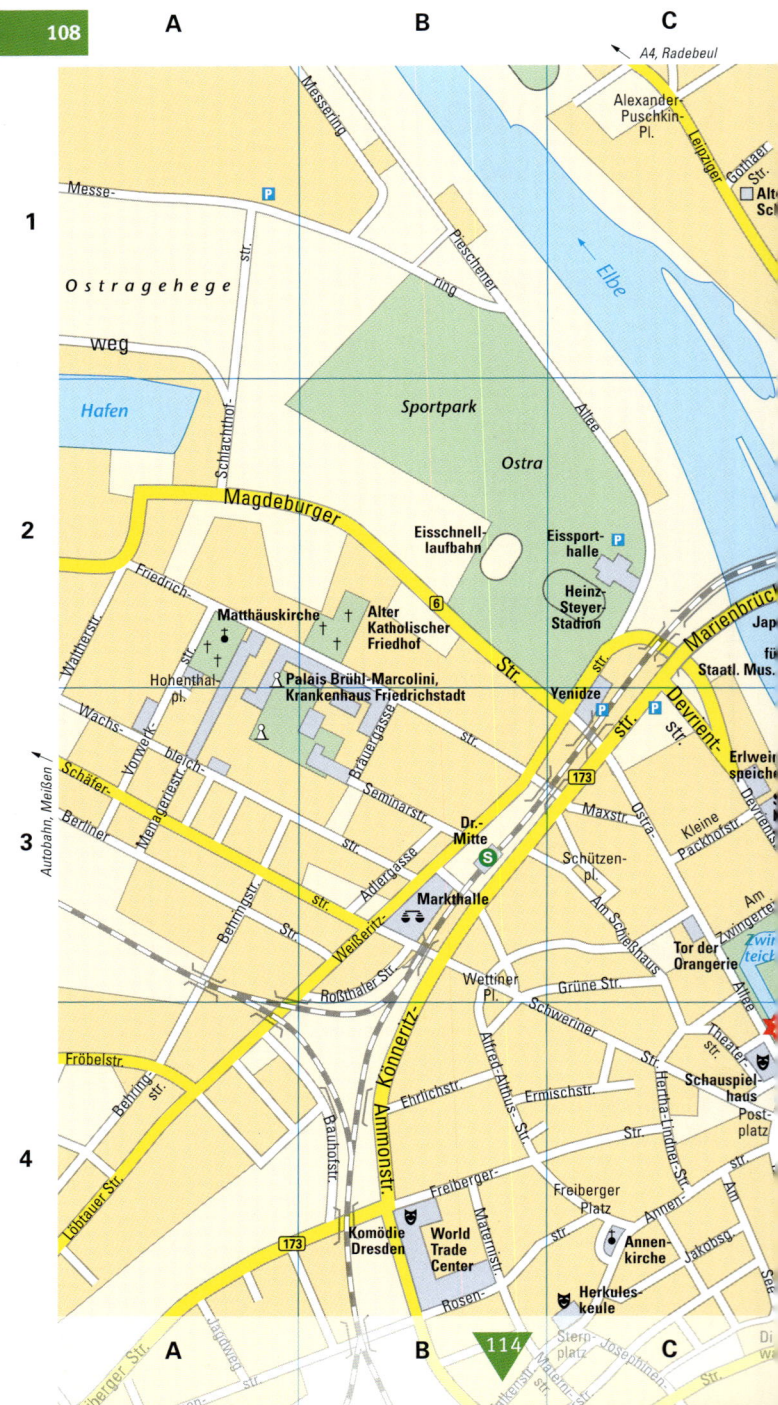

A B C

A4, Radebeul

Alexander-
Puschkin-
Pl.

Leipziger Str.

Gothaer Str.

1

Messe-

P

Preschener ring

Elbe

Alt
Sc

O s t r a g e h e g e

weg

Hafen

Schlachthof str.

Magdeburger

Sportpark

Ostra

Allee

2

Friedrich-

Matthäuskirche

Walterstr.

Hohenthal-
pl.

Wachs-

Eisschnell-
laufbahn

Alter
Katholischer
Friedhof

Eissport-
halle

P

Heinz-
Steyer-
Stadion

6 Str.

Palais Brühl-Marcolini,
Krankenhaus Friedrichstadt

Yenidze

P

P

Devrient- str.

Marienbrüc

Jap

für
Staatl. Mus.

Erlwein
speich

Autobahn, Meißen

Schäfer-

Berliner

Vorwerk

bleich-

Menageriestr.

Seminarstr.

Maxstr.

Ostra

Kleine
Packhofstr.

Devriens

3

Dr.-
Mitte

Bennigstr.

Adlergasse

Brauergasse

str.

Str.

Weißeritz-

Markthalle

Schützen-
pl.

Am Schießhaus

Maxstr.

Am
Zwingert

*Zwir
teich*

Tor der
Orangerie

Allee

Theater str.

Schauspiel-
haus

Post-
platz

Fröbelstr.

Behring str.

Roßthaler Str.

Wettiner
Pl.

Grüne Str.

Schwariner Str.

Ehrlichstr.

Alfred-Althus-Str.

Ermischstr.

Hertha-Lindner-Str.

Str.

4

Löbauer Str.

Bauhofstr.

Ammonstr.

Könneritz-

173

Komödie
Dresden

World
Trade
Center

Freiberger Str.

Maternistr.

Rosen-

Freiberger
Platz

Annen-

Annen-
kirche

Jakobsg

Am

See

Herkules-
keule

Jagdweg Str.

Rosen-

A

Fröberger Str.

B

114

Stern
platz

Josephinen

Maternistr.

Falkenstr.

C

Di
wi

Di
str.

D E F

A4, Moritzburg   A4, Wilschdorf   Militärhist. Mus., Flughafen

† † †
Inn. Neust. Friedhof
Neustadt

97

7 Bunte Republik Neustadt

Dr.-Neustadt

Projekttheater Dresden

1

S

Schlesischer Pl.

6

Erich-Kästner-Museum

E55

Bautzner Str.

Theresienstr.

Albertplatz

5

Kleines Haus

2

Kleine Marienbr.

Palais-garten

Dreikönigsk.

An der Dreikönigs-kirche

170

es Palais, andesmus. eschichte, ilkerkunde

Podium

Kügelgenhaus, Museum der Dresdner Romantik

Körnerdenkmal

110

Neustädter Markt

Jägerhof, Mus. für Sächs. Volkskunst

Goldener Reiter

Köpckestr.

Carola-pl.

Wigardstr.

Blockhaus

Finanz-ministerium

Landesregierung, Staatskanzlei

Hofnarr Fröhlich

3

Sachse

ischer

hard-von-denau-pl.

6 Bastei-schlösschen

Theaterkahn Dresdner Brettl

mperoper

Ital. Dörfchen

Theaterpl.

Kathedrale St. Trinitatis

Sekunda-genitur

Anlegestellen der Raddampferflotte

Festung Dresden

Altstädter Wache

3 Neues Ständehaus

Fürsten-zug Langer Gang

Cosel-palais

Kunstakademie/ Ausstellungsgebäude

nger

2

Stallhof

9 Grünes Gew. Johanneum

2 Frauen-kirche

Albertinum Kurländer Palais

Synagoge

4

Swissôtel Dresden

Kultur-palast

Neumarkt

Pillnitzer

Maschen

1

Altes Landhaus, Stadtmuseum

Alt-stadt

Altmarkt

8 Kreuz-kirche

Gewandhaus

Neues Rathaus

Rathspl.

Dr.-Külz-Ring

Trümmerfrau

Rollerskaten

0   150 m

D E

170

© MERIAN-Kartographie

N

↗ *Radeberg*

Albertpark

Radeberger Str.

Berufs-
akademie
Sachsen

Heideblick

Charlottenstr.

Auf dem Meisenberg

dhausweg

Brauhaus

Klara-

Angelikastr.

Judelchstr.

Heideparkstr.

Böhmertstr.

Fischhausstr.

Wilhelminenstr.

Str.

5

Stasi-
Gedenkstätte

Brockhausstr.

Schloss
Albrechtsberg

Lingner-
Schloss

Schloss
Eckber

6

Körnerweg

← *Elbe*

6

Segelflugplatz

Elbradweg

Käthe-

Kollwitz-

Ufer

112

Pfotenhauerstr.

Goethe-

allee

Lothringer

Weg

Waldpark

allee

Weg

Waldhar

Preiherstr.

Rieger

7

Medizinische
Akademie

Universitätsklinikum
"Carl-Gustav-Carus"

Schubert-

Händel-

**Blase-
witz**

Vogesen-

Weg

Loschw

Fiedlerstr.

Am Wohnheim

Königsheim-pl.

Loschwitzer

Str.

Loschw

Str.

Glückstr.

Hassestr.

Hüttenstr.

Wartburgstr.

Gerhardtstr.

Paul-

Wittenberger Str.

Augsburger

Löscherstr.

Teuto-
burgstr.

Forsthausstr.

Mendelssohn-

Friedens-
pl.

allee

Wagner Str.

Preiherstr.

str.

Niedern

8

str.

Löscherstr.

burgstr.

Spener

Suitastr.

Altmannstr.

Kyff-
häuser-

Glatzer

Lene-

Ritterstr.

Pohland-

Setr
Park

Wormser
Pl.

Str.

Bar-
barossa-
pl.

Holbeinstr.

Merse-
burger Str.

117

Haydnstr.

Witten

Bergmann

Worms

D   **E**

0   150 m

© MERIAN-Kartographie

N

A **B** **C**

9

Moritzburg

König-Albert-Säule

Pillnitzer-

Weg

Gutebornbach

Bautzner

Str.

P

Lahmann-
Sanatorium

Bautzne

10

Schloss
Eckberg

Wunderlich-

str.

Scheven-

Schadestr.

Tolstoistr.

Körnerweg

Knoopstr.

Schillerstr.

M.-Andersen-
Nexø-Haus

Collenbusch-

Friedensblick

Wolfs-

Lahmann-

Stangestr.

Hügelstr.

Ma-

weg

Roßweg

**Losch-
witz**

Zeppelinstr.

Plattleite

Leonhardistr.

Forschungsinstitut
Ardenne

Sternwarte

Luisenhof

Zw.-

◄ 111

Ufer

allee

11

Waldpartstr.

Preißlerstr.

Körnerweg

Schiller-
str.

Schillerhäuschen

Elbe

Körnerweg

Schillerstr.

Standseil-
bahn

Weinleite

Roßweg

Grund-

Karl-

Leonhardi-
Museum

Bergschwebebahn

Sierk

Bartel-
despl.

Gautschweg

Naumannstr.

Fährgässchen

Angelsteg

Losch-
witzer
Brücke
(Blaues
Wunder)

Elb-
brücken-
str.

Körner-
pl.

Friedrich-Wieck-Str.

Fidelio-F.-Finke-Str.

Pillnitzer

Veilchen-

Kleine
Frauenkirche

Loschwitzer

Reger-

Justinenstr.

Berg-

Str.

Schillerpl.

P

Tolkewitzer

garten-

Fuchs-
str.

Wiesenweg

Amtsstr.

Winzerstr.

Landstr.

12

Hübler-

Wagner Str.

Bach-Str.

Str.

Kretschmer-

Sebastian-

Heilig-
Geistk.

Jüngst-

Str.

Oehmestr.

Niederwaldstr.

Ermel-

str.

H.-
Seidel-
Park

Eisenacher

Niederwald-

Jüngst-str.

str.

Schillerstr.

A **B** **C**

D r e s d n e r H e i d e

9

Mordgrundwasser

Waldpark

Weißer Hirsch

Klinikum „Weißer Hirsch"

Konzert platz

Silber weg

Kurparkstr.

A. Andricki str.

H.-Cotta-Str.

Heideflügel

flügelweg

Nacht-

Werroer Str.

† † †
† † †
† **Wald- friedhof**

Landstr.

6

Bautzen

10

Kokoschka-Haus

Degelestr.

Straußstr.

Neugersdorfer Str.

Eibauer Str.

Elisabethstr.

Rißweg

Steglichstr.

Sonnen- leite

Sonnen- str.

Säugrundweg

str.

Grund-

Crostauer Weg

str.

Tännichtstr.

Rodel-

11

Ulrich-

Wuttkestr.

Weg

Weißer- berg-

Wachberg-

Hirsch- Str.

Psychiatrische Klinik Oberloschwitz

schmidt

Alpenstr.

Tiedge- str.

Rochwitz

Amselsteig

Tännichtstr.

weg

Krüger- str.

Rosegger-

Wachbergstr.

Krügerstr.

Robert-Diez-Str.

L.- Richter- Str.

Malerstr.

Kuckuck-

Krüger- str.

12

weg

Kügelgen str.

Kotzsch- str.

Kotzschweg

HUMAINE Klinik

steig

Wachwitzer Höhenpark

0   150 m

© MERIAN-Kartographie

N

Schloss

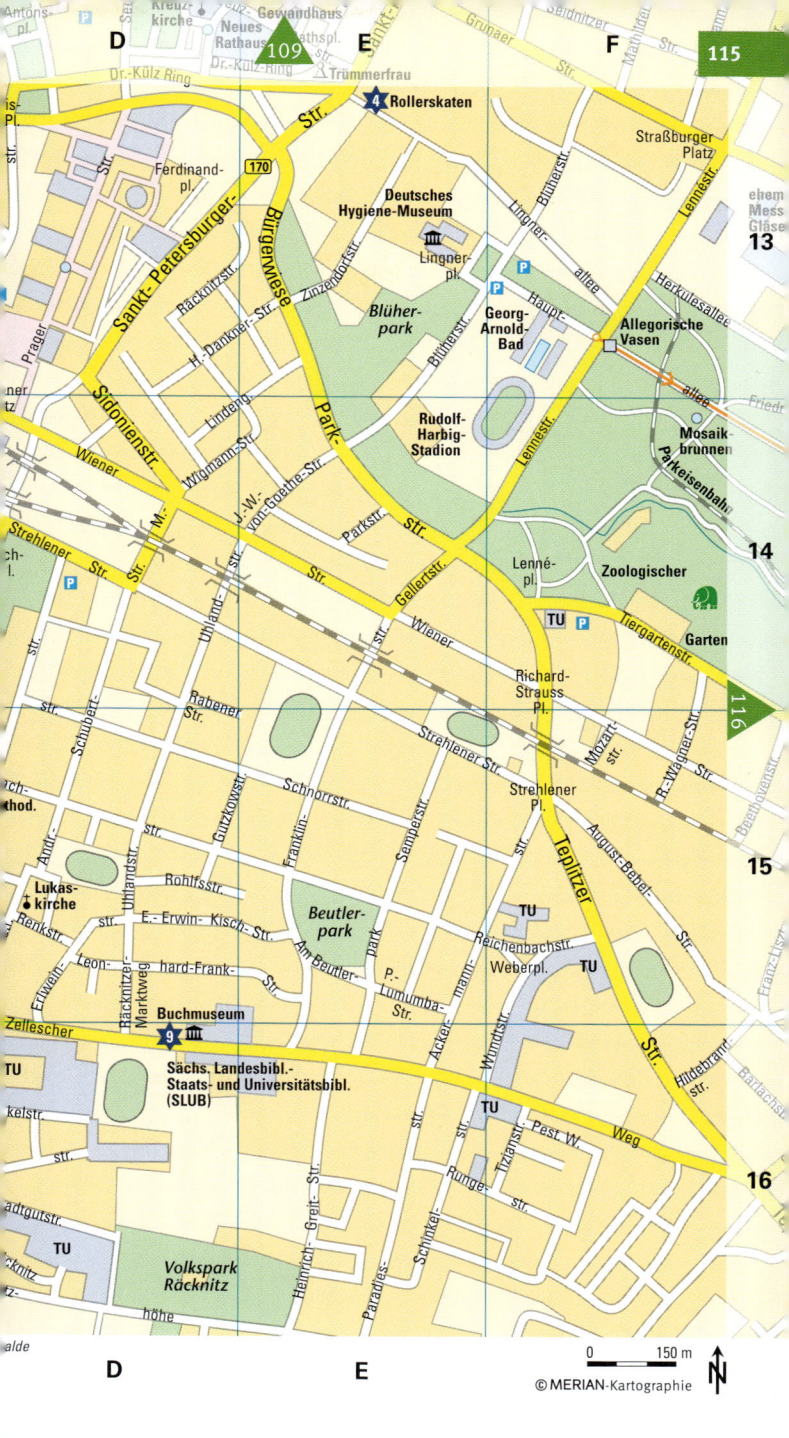

D E F

113 Wachwitzer Höhenpark

21

22

23

24

Schloss

Wach-
witz

Johannesturm

Fernsehturm

Nieder-
poyritz

Elbe

Personen-
fähre

Pirna, Pillnitz

Kirch-
pl.

J.-Hegenbarth-
Weg

Josef.-Herrmann-Str.

Weinberg

Preßgasse

Wollnerstr.

Steinberg

Am Ohlische

Ohlische grund

Weidnersteig

toriumsweg

Wachwitzer

Wachwitz

Wiesenweg

Leimpfad

Duer-

Pillnitzer

Königsweg

Wach-

witzer

witz

Bach

Hortenottstr.

Am Walde

Bergstr.

Moosleitenweg

Landstr.

Str.

Str.

Str.

Str.

Altkölkewitz

Niederpoyritzer Str.

Österreicher Str.

Trop-

dauer

Burgenland-

Steirische

Donath-

Reichenhaller Str.

Berchtesgadener

Salzburger

Str.

Tauernstr.

Kärntner Weg

Leubener Str.

Leimpfad

Liebstr.

Zur Bleiche

Iglauer Str.

Laubegaster

Fährstr.

ufer

0 150 m

© MERIAN-Kartographie

N

Kartenregister

Orts- und Sachregister

Wird ein Begriff mehrfach aufgeführt, verweist die **fett** gedruckte Zahl auf die Hauptnennung, eine *kursive* Zahl auf ein Foto.
Abkürzungen:
Hotel [H]
Restaurant [R]

Erlesene Ziele

Die Erfolgsreihe geht weiter!

Jede großartige Metropole wird nicht nur von ihren Gebäuden und Straßenzügen geprägt, sondern in erster Linie von den Menschen, die dort leben und arbeiten. Entdecken Sie mit **MERIAN** *porträts* aufregende Städte ganz neu und begeben Sie sich auf die Spuren berühmter Persönlichkeiten!

MERIAN *porträts*

Liebe Leserinnen und Leser,
vielen Dank, dass Sie sich für einen Titel aus unserer Reihe MERIAN *live!* entschieden haben. Wir freuen uns, Ihre Meinung zu diesem Reiseführer zu erfahren. Bitte schreiben Sie uns an merian-live@travel-house-media.de, wenn Sie Berichtigungen und Ergänzungen haben – und natürlich auch, wenn Ihnen etwas ganz besonders gefällt.

Alle Angaben in diesem Reiseführer sind gewissenhaft geprüft. Preise, Öffnungszeiten usw. können sich aber schnell ändern. Für eventuelle Fehler übernimmt der Verlag keine Haftung.

© 2013 TRAVEL HOUSE MEDIA
GmbH, München
MERIAN ist eine eingetragene Marke der GANSKE VERLAGSGRUPPE.

Alle Rechte vorbehalten. Nachdruck, auch auszugsweise, sowie die Verbreitung durch Film, Funk, Fernsehen und Internet, durch fotomechanische Wiedergabe, Tonträger und Datenverarbeitungssysteme jeglicher Art nur mit schriftlicher Genehmigung des Verlages.

BEI INTERESSE AN DIGITALEN DATEN AUS DER MERIAN-KARTOGRAPHIE:
kartographie@travel-house-media.de

BEI INTERESSE AN MASSGESCHNEI-DERTEN MERIAN-PRODUKTEN:
Tel. 0 89/4 50 00 99 12
veronica.reisenegger@travel-house-media.de

BEI INTERESSE AN ANZEIGEN:
KV Kommunalverlag GmbH & Co KG
Tel. 0 89/9 28 09 60
info@kommunal-verlag.de

TRAVEL HOUSE MEDIA
Postfach 86 03 66
81630 München
merian-live@travel-house-media.de
www.merian.de

4. Auflage

PROGRAMMLEITUNG
Dr. Stefan Rieß
REDAKTION
Richard Schmising
LEKTORAT
bookwise GmbH, München
BILDREDAKTION
Nora Goth, Lisa Grau
SCHLUSSREDAKTION
Gisela Wunderskirchner
SATZ
bookwise GmbH, München
REIHENGESTALTUNG
Independent Medien Design,
Elke Irnstetter, Mathias Frisch
KARTEN
Gecko-Publishing GmbH
für MERIAN-Kartographie
DRUCK UND BUCHBINDERISCHE VERARBEITUNG
Stürtz Mediendienstleistungen, Würzburg

Ein Unternehmen der
GANSKE VERLAGSGRUPPE

PEFC
PEFC/04-31-1404

BILDNACHWEIS

Titelbild (Brühlsche Terrasse mit Akademie der Künste), LOOK-foto: H. & D. Zielske • Alamy Images 88 • Atlantide: Schapowalow 64 • Bildagentur Huber: Lawrence 46/47 • Bilderberg: U. Boettcher 48 • Bio & Nationalparkhotel Helvetia 27 • ddp: N. Millauer 74 • dpa Picture Alliance: Euroluftbild.de 82, M. Hiekel 40, R. Hirschberger 51, E. Wrba 9 • Dresdner Kreuzchor 9u., 56 • EinAugenblick – Fotolia 52 • GourmetPictureGuide 16, 23, 28 • laif: Bialobrzeski 21, Glaescher 44, M. Kirchner 86, 90, Kloever 73, Lengler 4, 10/11, 96/97, P. Rigaud 98, G. Westrich 78/79 • LOOK-foto: H. & D. Zielske 70 • Mauritius-Images Super Stock 34 • Porzellan-Manufaktur Meissen 32 • Raddampferflotte 61 • Staatsschauspiel Dresden 39 • Taschenbergpalais 12 • Ullstein: Meyer 2 • Verkehrsmuseum Dresden 77 • Visum: S. Döring 68 • B. Wurlitzer 31